Ces voitures qu'on aime tant

7-13, boulevard Paul-Émile Victor
Île de la Jatte
92521 Neuilly-sur-Seine Cedex

www.michel-lafon.com

Jean-Pierre
Foucault

CES VOITURES QU'ON AIME TANT

Michel LAFON

SOMMAIRE

Les années "40"

Les années "50"

Les années "60"

La Citroën Traction : une détente après ces temps de guerre, le plaisir des balades avec ses amis... le symbole d'une liberté retrouvée.

Sur les genoux de mon père

Partir... Rouler... Sentir... S'émouvoir...
L'automobile de mon enfance était un formidable outil pour partir à la découverte du monde, ou plutôt des mondes qu'un petit garçon peut imaginer au fond du garage de la maison familiale, au bord des quais du port de Marseille ou le long des routes bordées de platanes de la campagne provençale.

Tenir le volant de la Delahaye, assis sur les genoux de mon papa, est mon tout premier souvenir automobile. C'était une conduite à droite et elle était équipée d'une boîte électromagnétique Cotal. Comme dans les bus, il y avait simplement un petit levier avec 1-2-3-4. Mon père accélérait ou décélérait et me disait "vas-y". Et toc, je passais la vitesse. Cela me paraissait fantastique de conduire cette immense voiture sur les petites routes. Mon père s'appelait Marcel Foucault, il était négociant en fruits et légumes à Marseille et adorait l'automobile. C'est lui qui m'a transmis cette passion dévorante qui s'épanouit en moi depuis mon plus jeune âge.

En 1947, mon père avait fait l'acquisition de cette Delahaye C135 qui était une des très belles voitures de l'époque. Carrossée de manière académique par Henri Chapron, elle valait la coquette somme de 1,7 million de francs – je possède toujours la facture d'époque – alors qu'une petite voiture valait cinq à six fois moins cher. Mon père n'avait pas acheté cette auto pour jouer au notable, c'était une voiture pour rouler, pour aller vite. C'était la voiture qu'on sortait le dimanche, celle qui était décapotable, celle dont il fallait recharger la batterie en permanence, car elle s'épuisait rapidement avec tout ce qu'il y avait à faire fonctionner dessus. D'ailleurs, si je voyais les pinces croco fixées sur la batterie, cela signifiait qu'on allait bientôt partir se promener ; c'est un truc que j'avais assez vite compris. Avec la Delahaye, nous partions souvent nous baigner en famille aux Lecques ; c'était un endroit très prisé car les enfants pouvaient s'éloigner de la plage en ayant toujours de l'eau jusqu'aux genoux. Dans mes souvenirs, la Delahaye est également associée aux pique-niques que nous faisions dans la campagne provençale, à l'ombre des pins. Ma mère était devant avec le caniche, qui s'appelait Boy, mes sœurs et moi étions derrière. On ne partait pas loin, mais c'était agréable. C'était une vie simple. Ma tante préparait un poulet et tout ce qu'il fallait pour que cela soit un vrai festin.

La Delahaye était équipée d'une malle aux dimensions exactes du coffre ; je ne me souviens plus si mon père l'avait fait fabriquer sur mesure ou bien si c'était un accessoire de la marque. À l'intérieur de cette malle qui était munie de pieds, il y avait des chaises pliantes et

Un dimanche comme ça

tout ce qu'il fallait pour pique-niquer. La voiture faisait partie intégrante de ces balades dominicales qui ont marqué à jamais mon esprit. Et puis, comment ne pas être impressionné par cette Delahaye qui était tellement imposante que mon père avait dû creuser la roche au marteau-piqueur pour qu'elle rentre tout entière dans le garage !

La voiture du dimanche

Si la Delahaye était la voiture du dimanche, nous avions également une voiture pour tous les jours : une Simca 8. Le jour où mon père l'a vendue, j'ai versé une larme. C'est bête. Mais je l'ai regardée s'éloigner jusqu'à ce qu'elle disparaisse complètement. On habitait boulevard du Collet – le petit col – à Marseille. Elle a descendu la rue, a tourné à gauche et elle a disparu. "Ma" voiture... Celle qui m'avait donné mes premiers émois a été remplacée par une 2 CV. La petite Citroën a rapidement pris de l'importance dans ma vie d'enfant. Mon père m'emmenait souvent pour voir arriver les bateaux de fruits qui venaient pour la plupart

d'Afrique, chargés d'oranges pour ceux qui avaient quitté les côtes d'Afrique du Nord, remplis d'ananas pour ceux qui arrivaient de Côte d'Ivoire. On repartait du port avec un cageot de fruits exotiques qui remplissait la voiture d'un envoûtant parfum. La 2 CV avait été conçue pour transporter 4 personnes, 50 kg de pomme de terre ou un tonnelet, la nôtre servait à transporter des fruits exotiques. Cela me paraissait plutôt normal avec un père qui ne s'exprimait qu'en wagons d'oranges et en bateaux d'ananas.
La 2 CV nous servait également aux longs périples que représentaient les Paris-Marseille, parce qu'avec la Delahaye, cela aurait coûté trop cher. Elle consommait 20 litres au cent et, à un moment où les affaires de mon père allaient un peu moins bien, il fallait faire attention. Lors de ces voyages, j'étais invariablement assis à gauche, ma petite sœur assise sur la barre et mon autre sœur à droite. Pour m'occuper, je notais sur un petit carnet tous les noms des villes et des villages que l'on traversait pour aller de Marseille à Paris par la route nationale. Et ça remplissait un petit carnet que je n'ai pas retrouvé.
J'étais également capable, comme tous les petits garçons de 10 ans, de reconnaître toutes les voitures et de dire que le "69" venait du Rhône et le "14" du Calvados... Et pour finir de meubler ces longs voyages, j'avais deux expressions : "Papa, prends ton élan", et mon père me répondait inéluctablement "Je l'ai oublié à la maison" ; et "Papa, fais un accident". Heureusement, il ne m'a jamais écouté ! À cette époque, l'automobile était un vrai luxe et elle occupait une place importante dans nos "aventures" familiales. Mon père me parlait souvent d'automobile et j'étais véritablement fasciné par la Delahaye mais aussi par la vaillante petite 2 CV. L'automobile occupait une place extrêmement importante dans ma vie d'enfant. Une vraie passion était en train de naître.

Voyage dans le garage

Si nous voyagions énormément en famille, c'est dans le garage de la maison que j'ai réalisé mes plus grands périples. Je passais des heures assis dans la Delahaye. Je m'imaginais parcourir les routes en m'enivrant de l'odeur puissante du cuir. Parfois, je préférais défiler sur les Champs-Élysées en me tenant à la barre en acier qui restait en place quand l'auto était décapotée. Je n'éprouvais pas le besoin de jouer aux petites voitures puisque j'avais les grandes ! Le garage était mon univers, mon île au trésor. Il y avait, à droite, le garage de la 2 CV et, à gauche, celui de la Delahaye. Dans le garage ou à l'intérieur de cette voiture, je me sentais protégé. C'est certainement pour cela, qu'aujourd'hui, je passe mes journées dans mon garage, au désespoir de ma femme. J'ai tous mes outils au mur, c'est bien organisé, je m'y sens bien. C'est sans doute une réminiscence de mon enfance. D'ailleurs, comme mon père, j'ai creusé le mur de mon garage pour que mes voitures puissent rentrer ! Je vous assure que c'est vrai.

Collection tardive

Réunir les voitures de mon enfance m'est venu tardivement... Comprendre comment elles fonctionnaient pour les bricoler est alors devenu une nécessité et j'ai appris avec un copain. Déboucher les gicleurs, changer une bougie, protéger la bobine de la 2 CV quand il pleuvait, c'était les astuces basiques qu'on apprenait sur le tas. Mais, est-ce que ces voitures tombaient souvent en panne ? N'étaient-ce pas toujours les mêmes pannes dues à l'humidité, à une essence de mauvaise qualité ?

Aujourd'hui, j'adore me promener dans le moteur de mes vieilles voitures. Tout récemment, j'ai acheté une 403 fourgonnette dont un copain m'avait parlé. C'était celle d'un maraîcher avec son nom et le département (Gard) soigneusement calligraphiés. J'ai ouvert le capot et j'ai tout de suite diagnostiqué ce qu'il fallait faire, parce que ça se voit comme le nez au milieu de la figure. Il n'y a pas à brancher d'ordinateur pour découvrir ce qui cloche.

Cette 403 bâchée est venue rejoindre une 2 CV de 1957, une Peugeot 202, une Traction (une 11), une des premières Dyna Panhard de 1949, une Simca 1000 de 1966 qui est toute neuve. Ces voitures françaises, ce sont nos voitures, celles qui peuplaient mon enfance marseillaise. Mon père avait eu une Traction et je me souviens qu'on pouvait faire Marseille-Paris en allongeant les jambes dans un parfait confort. La Peugeot 202 m'a séduit parce que c'est une voiture qui avait été créée avant-guerre et

qui était très populaire. La "Deuche" parce que c'était une voiture familiale. La Panhard parce que j'étais triste de voir une marque disparaître. La Simca 1000 parce que c'était la voiture de mes premières amours... À chacune de ces voitures sont rattachés des souvenirs bien précis. Et, tout comme moi, j'aimerais que vous puissiez fermer les yeux et sentir remonter des bouffées de souvenirs. C'est exactement comme quand on entend une vieille chanson : il y a toujours un souvenir qui réapparaît. Aujourd'hui, il y a tellement de chansons qu'on les oublie toutes et on les consomme. C'est pareil pour les voitures, elles sont entièrement recyclables et, à la fin de leur vie, on les découpe en granulés pour les refondre. C'est la loi de la modernité.

Au fil du hasard et des rencontres

Dans cette collection qui n'en n'est pas une, j'aimerais bien ajouter une Floride parce que je trouve qu'elle incarne parfaitement bien les années soixante. Je me souviens des images du lancement de ce cabriolet avec comme marraine une Brigitte Bardot resplendissante. C'était la France du Général de Gaulle, de Saint-Tropez, de la nouvelle

vague... Et puis, mon copain Claude en avait une – une blanche à l'intérieur rouge – et on allait frimer avec. Jusqu'au jour où l'on a fait un tête-à-queue... Comme dans la Dauphine, il était préférable de transporter un sac de sable dans le coffre à l'avant. Une DS me plairait bien. C'était une voiture farouchement moderne et avant-gardiste et elle est incontournable. Mais je ne cherche pas de voitures en particulier. C'est uniquement le hasard qui les met sur mon chemin. La Peugeot 202, c'est un copain concessionnaire à Arles, dans les Bouches-du-Rhône, qui m'a appelé. Une vieille dame est venue lui acheter une voiture. Et quand il lui a demandé si elle avait une reprise, elle lui a répondu qu'elle avait une 202... On a été la voir et la voiture était nickel. Alors, on a regardé la cote et j'ai acheté cette voiture populaire à cette charmante dame.
Peu après, Arles a été inondée et cette voiture, qui était garée au bord du Rhône, aurait disparu. La Panhard, c'était une petite annonce. Toutes les portes étaient démontées. J'ai dit à mon copain André : “Non, non”. Il m'a dit “si, si”. On a mis quatre ans à la refaire mais elle vraiment magnifique. Aujourd'hui, toutes ces voitures “habitent” un ancien garage, loin de Marseille, grâce à un ami qui nous le prête.
Un de mes rêves serait d'avoir un jour un immense garage près de chez moi – j'habite Carry-Le-Rouet, un petit port à l'ouest de Marseille – où mes voitures pourraient se refléter au sol sur une peinture brillante. On peut rêver. D'ailleurs, ces pages sont faites pour ça. Elles ont pour vocation de ranimer les souvenirs d'une époque révolue, de faire revivre avec nostalgie les histoires qui vont avec ces voitures de l'après-guerre au début des années soixante-dix.

9950-TM-13

Les années "40"

À la fin de la Seconde Guerre mondiale, l'industrie automobile reprend doucement vie. Il faut reconstruire les usines, se procurer les matières premières qui manquent tant et reprendre les projets que la guerre a mis en sommeil. Relayant la Traction avant, la 4 CV de Renault, la Citroën 2 CV et bien d'autres mettront le petit Jean-Pierre sur le chemin de la passion automobile...

En octobre 1944, Louis Renault meurt et, en janvier 1945, la société anonyme des usines renault devient la Régie Nationale des Usines Renault... Un peu plus tard, en octobre 1946, plus d'un million de visiteurs se pressent au Grand Palais pour découvrir la dernière-née des usines de Billancourt nouvellement nationalisées : la 4 CV. Petite, bon marché, économique et avec un moteur placé à l'arrière, cette voiture marque un tournant important dans l'histoire de l'automobile française. Après ces années de conflit mondial, l'automobile ne doit plus seulement être un objet de luxe restant l'apanage de trop rares privilégiés mais un objet de consommation. Une forte envie de modernisation, des efforts considérables de productivité, etc., vont déboucher sur la période des "trente glorieuses". Et l'automobile va endosser un rôle extrêmement importantdans cette accession au confort offert par le monde moderne.

Un dimanche au bord de l'eau avec la 4 CV, c'est le premier pas vers la société des loisirs.

Bienvenue dans un monde nouveau

Ces années-là voient la naissance d'un certain nombre de voitures qui deviendront mythiques comme la 4 CV, la Jeep, la "Coccinelle", la 2 CV, le Land Rover ou, à un degré moindre, le Citroën Type H (le fameux TUB). Elles ont en commun la simplicité et l'économie et elles ont été produites en grande quantité durant des périodes extrêmement longues. La 4 CV a vécu quatorze ans et a été produite à un peu plus d'un million

d'exemplaires. Présentée deux années après la 4 CV (au Salon 1948), la 2 CV a été produite jusqu'en 1990 à près de 5 millions d'exemplaires (y compris les fourgonnettes). Mais ce n'est rien à côté de la Volkswagen Coccinelle, qui a terminé son incroyable carrière au Mexique en 2003 après qu'un peu plus de 21 millions d'exemplaires furent sorties des chaînes depuis 1938 ! Dans un autre registre, la Jeep a représenté le véhicule qui a fait basculer l'Europe dans ce monde nouveau en débarquant sur les plages de Normandie et de Provence.

Comment ne pas comprendre alors que ces voitures aient profondément marqué l'esprit de générations de gamins, d'apprentis conducteurs et d'aventuriers de tout poil. Elles symbolisent parfaitement ce monde moderne qui voit apparaître le premier tronçon d'autoroute (22 kilomètres de Saint-Cloud à Orgeval en 1941), le Festival de Cannes (1946) et le Solex et la Vespa (1946), etc.

Bonnes à tout faire, ces voitures vont également connaître des variantes sportives parce que la vitesse n'est pas encore une notion dépassée. Ainsi, la paisible petite 4 CV va devenir une redoutable voiture de course : la 1063. Grâce à une sérieuse préparation tant sur le plan du moteur que du châssis, la petite puce de Boulogne-Billancourt est capable de se distinguer aussi bien sur les routes enneigées du Rallye de Monte-Carlo, dans la ligne droite des Hunaudières ou sur les routes tourmentées des Mille Miglia... avant de donner naissance aux premières Alpine ! L'automobile de l'après-guerre sera légère et insouciante...

D'amères retrouvailles

Mais certains pensent que la voiture restera un produit élitiste et ne croient pas une seconde dans la nécessité d'orienter la production vers des modèles économiques et bon marché. D'ailleurs, les stars du Salon 1946, celles qui prennent traditionnellement place sur la plaque tournante à l'entrée du Salon, sont deux magnifiques Delahaye, carrossées respectivement par Franay et par Figoni & Falashi.

« La Delahaye C 135 de 1947, qui a accompagné ma jeunesse, représentait vraiment quelque chose de très important pour moi. Aujourd'hui encore, je conserve dans mon portefeuille une photo prise par mon père sur laquelle ma mère, mes sœurs et moi posons fièrement à bord de ce vaisseau de la route.

À la mort de mon père, en 1962, la situation était un peu compliquée ; ma mère a dû se séparer de la Delahaye et elle l'a vendue pour 500 francs. Ces voitures étaient passées de mode et n'intéressaient plus personne. D'ailleurs, combien de trésors sont partis à la casse dans ces années-là ? Mais cette auto était tellement présente dans mon esprit que je m'étais dit qu'il faudrait que je la retrouve et que je la rachète.. Des gens me disaient : “Il parait qu'elle est là”, jusqu'au jour où

Recouvertes de croix de Lorraine et des trois lettres FFI, les voitures d'avant-guerre jouent leur dernier rôle durant la Libération. La reconstruction de l'après-guerre ne leur laissera pas de place.

Dès 1947, Volkswagen reprend l'exportation de la Coccinelle et le 100 000e exemplaire de cette drôle de voiture sortira en 1950.

l'équipe de « Sacrée Soirée » a demandé à ma fille une photo de la Delahaye. Grâce à l'immatriculation d'époque, ils ont réussi à remonter jusqu'au dernier acquéreur qui l'avait acheté 5 000 francs, quelques mois avant que l'équipe ne le contacte.
Ce soir-là, Michel Leeb, qui était mon invité, avait pris le micro pour me faire cette surprise et, quand la Delahaye est arrivée sur le plateau de « Sacrée Soirée », ce fut un vrai choc. Je l'ai tout de suite reconnue, d'abord au bruit, puis à l'odeur. Quand je m'en suis approché, j'ai reconnu le parfum de son cuir. On disait qu'il y avait seulement deux Delahaye de ce type en France, celle du maréchal Leclerc et celle de mon père. Je ne sais pas si c'est vrai puisque ces voitures étaient toutes plus ou moins uniques mais j'en étais drôle-

Les nombreuses comédies que produit le cinéma français ne manquent pas de vedette. Fernandel et la 4 CV connaîtront un immense succès durant leurs longues carrières...

Salon de L'auto de 1949 : la foule se presse devant la coccinelle, le grand succès des années 40.

ment fier. Sur le tableau de bord, la petite plaque de la Socomex (Société de commerce extérieur), qui était le nom de la compagnie de mon père, était toujours présente. La malle à pique-niques aussi. Toute mon enfance a ressurgi d'un coup d'un seul sur le plateau. J'étais ému aux larmes et j'étais persuadé que l'équipe s'était arrangée pour l'acheter. J'étais convaincu que je l'avais à nouveau. Alors, quand le propriétaire m'a signifié son refus de la vendre, cela a été une terrible désillusion.

C'est un miracle que cette voiture existe encore mais cela m'avait profondément attristé de la voir dans cet état. Elle était repeinte en bleu alors qu'elle arborait une magnifique robe en deux tons de gris. Ça me consternait de voir que la boîte à gants en loupe d'orme était écaillée parce qu'un jour la clé avait été égarée, de voir que le cuir était craquelé par l'absence d'entretien. C'est une histoire vraiment extraordinaire de voir ressurgir du passé la voiture à laquelle son père vouait une véritable passion, mais son propriétaire a toujours refusé de considérer mes propositions. Alors, plutôt que de me rendre malheureux, j'ai fini par me résigner et j'ai fait une croix dessus. »

En route vers de nouvelles aventures

« Cette déception est vraiment le point de départ de mon envie de retrouver – plutôt que de collectionner – les voitures de ma jeunesse et j'ai vécu de très belles histoires qui, peu à peu, ont atténué la douleur de ne pas récupérer la Delahaye familiale. Aujourd'hui, il ne se passe pas une semaine sans que je ne reçoive une lettre dans laquelle une personne me propose – parfois gracieusement – des pièces ou une voiture. Au travers de ces courriers, j'ai le sentiment que les gens ne veulent plus voir ces voitures disparaître et qu'ils tiennent à assurer leur sauvegarde. Malheureusement, je n'ai pas la place de recueillir toutes les Panhard, toutes les 203, toutes les Traction que l'on peut me proposer ; je réponds par un petit mot dans lequel j'explique que je suis touché par cette proposition mais que mon garage est beaucoup trop petit. Mais imaginez le bonheur que je ressens quand je pousse la porte de mon garage ; je plonge quarante ans en arrière pour me retrouver dans l'univers de mon enfance. »

Le plaisir des premières vacances : la voiture se transforme en camping caravane.

Voiture de notables et de gangsters, la Traction était une grande routière capable de rivaliser avec des voitures de haut standing. Elle tenait ces qualités d'une conception peu conformiste qui allait marquer l'esprit Citroën jusqu'à la fin du siècle.

CITROËN TRACTION

QUEUE DE VACHE

Tableau de bord de Traction des années quarante et cinquante, en tôle peinte, avec la fameuse « queue de vache » en guise de levier de vitesses.

Au début des années trente, André Citroën a déjà fait preuve de qualités hors du commun, sur le plan industriel mais aussi publicitaire. Il est l'homme des audacieuses Croisières jaune et noire, et il a fait inscrire son nom en lettres lumineuses sur la tour Eiffel.Pourtant, ses automobiles restent assez classiques. Les 10 ou 15 CV « Rosalie », tenant leur surnom du modèle de records, ne sont guère excitantes et, au lendemain de la crise de 1929, il faut trouver le moyen d'attirer de nouveaux acheteurs ou d'inciter les anciens à changer de voiture.

Dans les bureaux Citroën, un nouveau venu a dans ses cartons un intéressant projet : c'est André Lefèbvre, qui a longtemps collaboré chez Voisin où il a pu donner libre cours à son esprit créatif. André Citroën, toujours passionné par de nouveaux défis, donne le feu vert à ce projet de « petite voiture ». Elle devra être capable de transporter quatre personnes à 100 km/h, avec une consommation de 7 litres/100 km. Pour un meilleur confort, André Lefèbvre veut un plancher plat et décide de regrouper à l'avant tous les organes mécaniques. La nouvelle auto sera donc à traction avant... Le pari est osé, car les voitures utilisant cette technique sont encore rares, et les joints de transmission fragiles. Ce n'est pourtant pas la seule innovation dont bénéficie la future Traction : elle aura une carrosserie monocoque, quatre roues indépendantes, un nouveau moteur à soupapes en tête... Ces caractéristiques peuvent sembler banales, mais ne l'étaient pas sur les voitures de série de l'époque.

FICHE TECHNIQUE

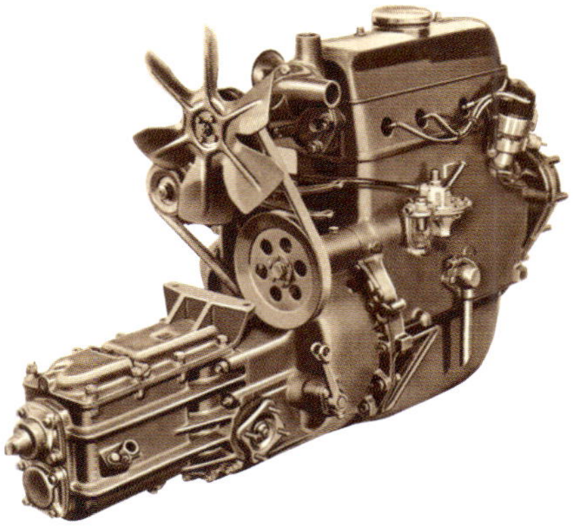

Moteur : avant 4 cylindres en ligne
Cylindrée : 1 911 cm^3
Puissance : 56 ch à 3 800 tr/min
Transmission : aux roues AV, boîte 3 rapports + MA
Freins : tambours sur les quatre roues
Poids : 1 050 kg
Vitesse maximale : 110 km/h

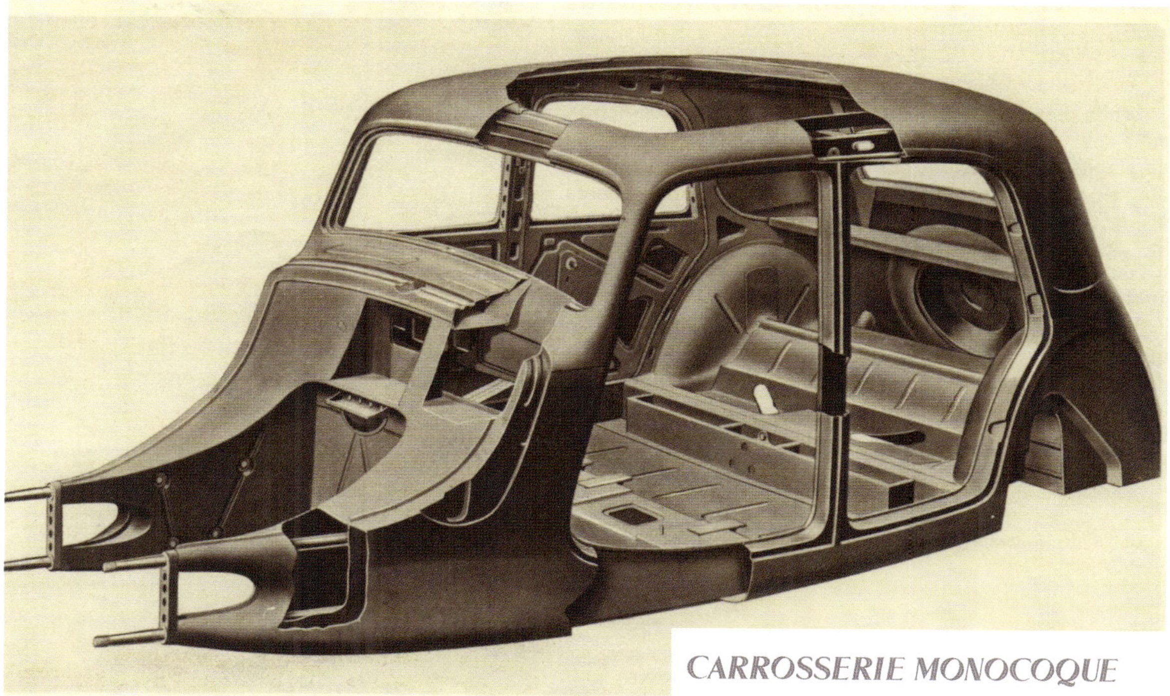

CARROSSERIE MONOCOQUE

La Traction est une des premières voitures de série à adopter une carrosserie monocoque, qui fait l'économie du traditionnel et lourd châssis.

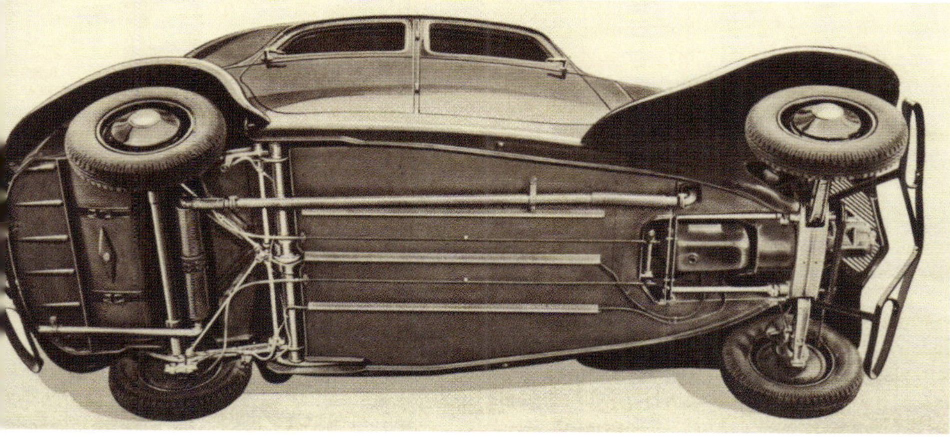

PLANCHER PLAT

Le choix de la traction avant permettait un plancher plat, et donc un habitacle plus logeable.

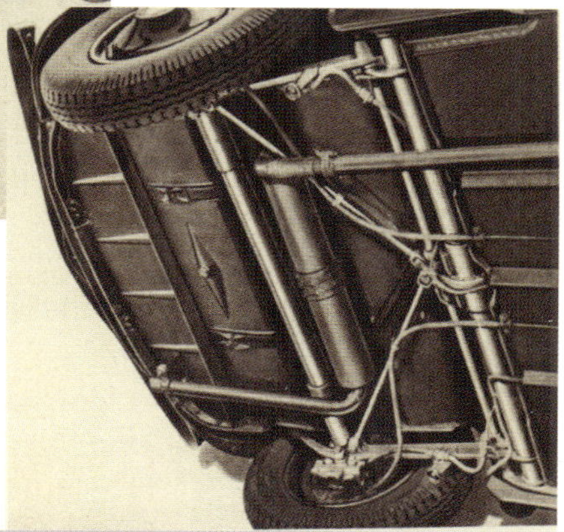

BARRES DE TORSION

La suspension s'effectuait par barres de torsion, longitudinales à l'avant, transversales à l'arrière.

MALLE BOMBÉE

Apparue en 1952, la malle bombée offre plus d'espace au coffre, auparavant très encombré par la roue de secours.

RAID LECOT : 400 000 KM EN UN AN !

Des raids originaux, François Lecot en a déjà réalisé : en 1930, il a parcouru 100 000 km en 111 jours, à bord d'une berline Rosengart. Mais la Citroën Traction va lui donner l'occasion de se lancer dans une aventure encore plus insensée. Entre le 22 juillet 1935 et le 26 juillet de l'année suivante, il va parcourir 400 000 km en Traction, soit une moyenne d'environ 1 100 km par jour ! Immuablement, jour après jour, il parcourt le trajet qu'il s'est fixé, de Paris à Monaco et retour. La voiture est une 11 Légère de 1935, qui ne connaîtra pas de défaillances mécaniques majeures, preuve qu'elle a alors atteint un degré de fiabilité tout à fait correct !

LES TRACTION DU GÉNÉRAL DE GAULLE

Charles de Gaulle appréciait tout particulièrement la Traction qui s'accommodait bien de sa haute stature. Ci-dessous, les usines du Quai de Javel.

Le 24 mars 1934, la « 7 » — c'est encore son nom, correspondant à sa puissance fiscale, l'appellation Traction venant plus tard — est présentée aux concessionnaires. C'est un choc, dû à sa ligne basse et élancée, bien loin des hautes carrosseries que l'on croise alors dans les rues. Un dessin dû à Flaminio Bertoni, talentueux styliste d'origine italienne. Puis vient la présentation publique, au mois d'avril, qui déclenche le même enthousiasme, suivie des premières livraisons — et des premières pannes... Lancée à la hâte, la 7 manque en effet de mise au point et va mettre plusieurs mois à atteindre une fiabilité correcte. Le stand Citroën du Salon 1934 rencontre toutefois un grand succès, la 7 côtoyant les 11 et l'éphémère 22 CV. La Traction démode une grande partie du parc automobile : sa carrière est lancée ! Elle va ensuite évoluer : présentation en 1938 de la 15/Six, dite la « reine de la route », mise au point des carrosseries « six glaces »,

FAMILIALE À STRAPONTINS

Dans sa version familiale six glaces, la Traction offrait sept larges places, grâce à ses strapontins arrière. Elle était disponible aussi en commerciale, avec hayon arrière.

Ci-dessous, la « 15 » méritait son surnom de « reine de la route », avec son six-cylindres servi par d'excellentes qualités routières.

familiale à strapontins ou commerciale, introduction de la fameuse « malle bombée » en 1952... Voiture des notables, ministres, policiers et gangsters qui en appréciaient les performances, la Traction va marquer son temps. Pour la remplacer, il faudra un autre mythe sur roues : ce sera la DS, en 1955...

Les trois carrosseries de la Traction conduite intérieure : légère, normale et familiale. Elle sera également proposée en coupé et cabriolet.

TRACTION 22 CV : LE GRAAL DISPARU

L'histoire de l'automobile est riche d'aventures de toutes sortes, mais rares sont celles qui sont aussi auréolées de mystère que celle de la 22 CV Citroën. De cette Traction à moteur V8 et phares encastrés dans les ailes, on sait en effet peu de choses et on n'en connaît aucun exemplaire survivant, malgré des recherches dignes de la quête du Graal ! Exposée au Salon de l'auto 1934 en plusieurs carrosseries, elle n'a jamais été commercialisée. Il en subsiste quelques photos, catalogues et témoignages, sur lesquels se penchent les passionnés de Citroën qui n'ont toujours pas abandonné la piste de la 22...

Elle a libéré Paris et circulé sur tous les fronts, mais la Jeep a largement dépassé sa vocation militaire. Sans doute grâce à une conception astucieuse et une allure peu belliqueuse.

JEEP WILLYS

SIMPLE ET ROBUSTE

Par sa simplicité, son ingéniosité et son allure assez peu martiale, la Jeep a conquis le cœur de ceux qu'elle a croisés et a fortiori de ceux qui l'ont utilisée. Soixante ans après sa conception, elle ne paraît toujours pas démodée...

Elle symbolise la Libération de Paris dans l'apparente décontraction des « boys » américains mâchant crânement du chewing-gum, le pied nonchalamment appuyé sur le tableau de bord et mitrailleuse pointant vers le ciel. La Jeep est un des rares engins militaires offrant un capital sympathie quasi universel. Peut-être parce que, ouverte à tous vents, elle s'éloigne des apparences belliqueuses et inquiétantes des blindés traditionnels... C'est ainsi qu'elle a été voulue, simple et robuste, par le cahier des charges de juin 1940 de l'état-major américain, qui pressent le besoin croissant d'un véhicule léger tout-terrain. Deux entreprises répondent à l'appel d'offre : Bantam et Willys. Bantam le remporte avec son prototype, qui a quasiment la forme définitive de la Jeep. Mais l'armée fait plutôt confiance à Willys puis Ford, dont la puissance industrielle est largement supérieure, et leur commande 15 000 exemplaires à chacun. Chez Willys, elle s'appelle MB et, chez Ford, GPW. Pourtant, c'est le nom de Jeep qui prévaudra, sans que son origine soit précisément définie : on s'accorde généralement sur les initiales GP (phonétiquement « djipi »), pour « General

FICHE TECHNIQUE

Moteur : avant 4 cylindres en ligne
Cylindrée : 2 199 cm³
Puissance : 60 ch à 4 000 tr/min
Transmission : 4 roues motrices, boîte 3 rapports + MA, boîte transfert 2 rapports
Freins : tambours sur les quatre roues
Poids : 1 055 kg
Vitesse maximale : 100 km/h

PLUSIEURS MARQUES

La fabrication des Jeep a été confiée à plusieurs marques : principalement Willys, Ford et, en France, Hotchkiss qui bénéficiait d'une expérience importante en matière d'armement.

purpose », mais d'autres sources font allusion à un personnage de Popeye ou à un mot d'argot...
Lorsque, en décembre 1941, les États-Unis entrent en guerre, la Jeep est bien au point et les commandes de l'armée augmentent brusquement : jusqu'à la fin des hostilités, la production frôlera 640 000 exemplaires... Par la suite, sa carrière militaire se poursuivra sur d'autres fronts, parallèlement à un développement civil. Les cessions de licences la feront produire un peu partout dans le monde mais, quelle que soit sa marque, elle restera la Jeep. Pour toujours.

JEEP HOTCHKISS

Une des améliorations apportées sur les Jeep civiles Hotchkiss : le hayon arrière rabattable.

Avec plus de 21 millions d'exemplaires, la Coccinelle a largement dépassé le record de production de la Ford T ! Sa naissance mouvementée ne la prédestinait pourtant pas à ce succès planétaire.

VOLKSWAGEN COCCINELLE

DES MILLIONS D'EXEMPLAIRES

Le succès universel de la Coccinelle va lui permettre d'atteindre d'impressionnants chiffres de production.

Flap-flap-flap-flap... Avec son bruit reconnaissable entre mille, la Coccinelle — la « Cox », pour les intimes — a laissé dans les mémoires une empreinte indélébile. Voiture universelle s'il en est, elle sera produite et vendue dans le monde entier, battant dès 1972 le record de production de la Ford T, à 15 millions d'exemplaires, pour terminer à plus de 21 millions...

Pourtant, rien à l'origine ne laissait augurer un tel succès, et les péripéties de sa naissance auraient pu au contraire lui faire prendre une voie directe vers l'oubli pur et simple... Voulue par Adolf Hitler dans l'Allemagne nazie, elle doit alors devenir la « voiture du peuple », la « Volkswagen », simple, robuste, bon marché. Hitler a trouvé l'homme capable de réaliser ce projet : Ferdinand Porsche a déjà exercé ses talents dans de multiples domaines automobiles, jusqu'aux surpuissantes Auto Union de course. Saura-t-il répondre au cahier des charges ? Il le fait avec brio, et sa conception intelligente est sans doute à la base du succès de la VW : plateforme consolidée par une poutre, carrosserie en acier, quatre roues indépendantes, tout-à-l'arrière pour éviter un encombrant tunnel de transmission. La traction avant est encore peu au point et Porsche n'aura pas l'audace de Citroën dans ce domaine. Sur la future Coccinelle, tout est prévu pour durer : le

FICHE TECHNIQUE

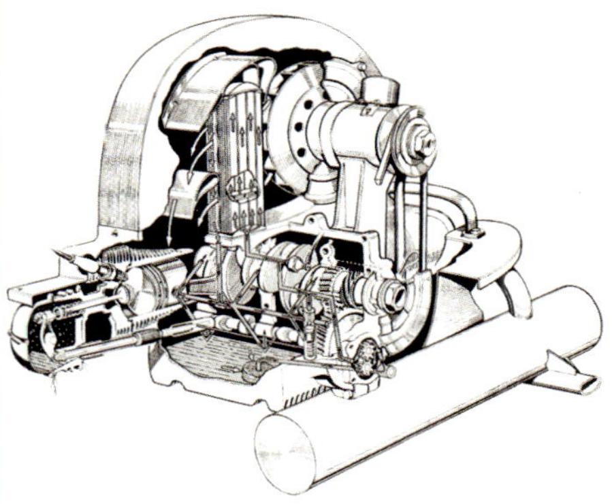

Moteur : arrière 4 cylindres à plat refroidis par air
Cylindrée : 1 192 cm^3
Puissance : 34 ch à 3 600 tr/min
Transmission : aux roues AR, boîte 4 rapports + MA
Freins : tambours sur les quatre roues
Poids : 760 kg

moteur refroidi par air tourne lentement, la tôle de carrosserie est épaisse et les assemblages réalisés avec soin. Les premiers prototypes de la KdF Wagen (« Kraft durch Freude », littéralement « la force par la joie », nom voulu par Hitler) roulent dès 1936, suivis de voitures de préséries. Les essais intensifs permettent déjà de peaufiner une des futures qualités de la Coccinelle : la robustesse à toute épreuve.

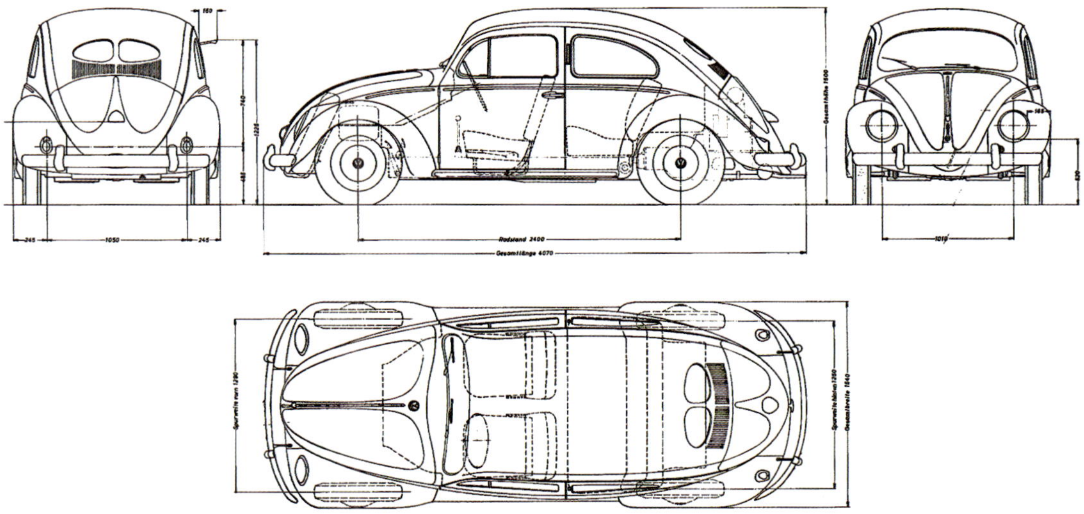

Ci-dessus et ci-dessous, les premières versions de la Coccinelle comportaient une vitre arrière en deux parties. Ci-contre, les gros feux arrière ronds apparaîtront en 1973.

PLANCHE DE BORD SIMPLE

Ci-dessous, la planche de bord va se moderniser au fil des ans, mais en conservant un équipement assez sommaire.

Pour construire la Coccinelle, une usine sera spécialement bâtie à Wolfsburg.

LA COX SE MODERNISE

Dans les années soixante, les surfaces vitrées vont gagner de la surface et les phares abandonner leur verre profilé pour prendre une position verticale.

CABRIOLETS ET BUGGIES

L'histoire ne serait pas complète sans évoquer le cabriolet Coccinelle, ô combien apprécié des amateurs de cheveux au vent ! Apparu dès 1949, il suivra l'évolution mécanique et esthétique de la berline. Parallèlement, la conception châssis-plateforme de la VW va permettre des quantités d'adaptations et transformations, à commencer par les buggies, qui n'auraient sans doute pas atteint la même célébrité sans la mécanique VW. Et enfin, la Coccinelle sera à l'origine d'une autre voiture mythique : la Porsche 356...

SOUS TOUTES LES COUTURES

La Coccinelle a fait l'objet de centaines d'élucubrations en tous genres, comme ici ce curieux habillage en fer forgé.

Pour construire cette petite merveille, il faut une usine. Un lieu est trouvé sur la vaste plaine séparant Berlin de la Ruhr, près du petit village de Wolfsburg. Mais la guerre éclate avant que la production de la Volkswagen ait pu être lancée, et l'usine va alors se consacrer à ses dérivés militaires : Kübelwagen, sorte de Jeep allemande, et Schwimmwagen, sa version amphibie.
En 1945, l'armée américaine fait son entrée dans l'usine, en grande partie détruite sous les bombardements. Au terme des accords de Yalta, elle se retrouve sous administration britannique et le major Ivan Hirst, dépêché sur place, sent tout l'intérêt de la Volkswagen, alors que les besoins en équipement vont être cruciaux. Il décide donc d'en reprendre la production, avant de passer le flambeau à Heinrich Nordhoff, qui devient directeur de l'usine en 1949.
Malgré cette naissance mouvementée, la VW rencontre un succès immédiat. Dès lors Heinrich Nordhoff va se laisser guider par deux idées-forces : obtenir la qualité maximum pour un prix minimum, et exporter massivement. D'où l'installation d'usines de montages un peu partout dans le monde, et la diffusion de la petite alle-

VERSION MULTIPLE

Une version militaire de la Volkswagen, la Kübelwagen, sera produite pendant la guerre.
Ci-dessous, une version à gazogène, alimentée au bois ou au charbon.

PEACE AND LOVE

Déco hippie du plus bel effet. La simplicité et la robustesse de la « Cox » en feront une auto appréciée d'une clientèle jeune, conformiste ou non...

mande sur tous les continents... Tout en conservant ses qualités de robustesse et simplicité, la Coccinelle va se moderniser au fil des ans. La fameuse vitre arrière en deux partie (« Bretzelfenster », ou « split-window ») va laisser la place à une vitre ovale en 1953, puis rectangulaire cinq ans plus tard. Elle va connaître diverses augmentations de cylindrée et de puissance, accompagnées de modifications esthétiques portant principalement sur la taille du coffre avant, la surface vitrée et la forme des phares et de feux arrière. La dernière version, la 1303, reçoit même en 1972 un pare-brise bombé. En 2003, la dernière Coccinelle sort des usines mexicaines de Puebla, après une carrière d'environ soixante ans... Qui dit mieux ?

Reine des pistes de compétition et des concours d'élégance, la Delahaye 135 a dominé les routes françaises dans les années trente. Un succès éclatant, mais éphémère et qui ne se relèvera pas des lendemains de la guerre.

DELAHAYE 135

L'ÉLÉGANTE DELAHAYE

Elle s'octroie une enviable réputation d'élégance grâce aux splendides robes signées par les plus grands carrossiers Français de l'époque (Antem, Aubineau, Chapron, Figoni & Falaschi...)

Elle a remporté les 24 Heures du Mans, le Rallye de Monte-Carlo, la Coupe des Alpes, s'est classée 3e aux Mille Milles et, dans le même temps, raflait tous les premiers prix des concours d'élégance grâce aux habillages taillés sur mesure par les plus grands carrossiers. La Delahaye 135 a montré une splendeur exceptionnelle et une rare capacité d'adaptation à quantité de situations et clientèles. Pourtant, qui aurait cru capable d'une telle réussite cette marque connue surtout pour ses camions de pompiers et ses berlines bourgeoises ? Tout commence en 1933 avec la présentation de la gamme « Superluxe » puis, en 1935, du type 135 : châssis surbaissé, voies plus étroites, empattement court, moteur 6 cylindres 3,2 litres, elle offre les qualités d'une vraie grande

DELAHAYE 135

FICHE TECHNIQUE

Moteur : avant 6 cylindres en ligne
Cylindrée : 3 557 cm^3
Puissance : 130 ch à 3 800 tr/min
Transmission : aux roues AR,
boîte électromagnétique Cotal
4 rapports avec inverseur AV et AR
Freins : tambours sur les quatre roues
Poids : 1 700 kg env.
Vitesse maximale : 160 km/h

routière. Avec ses dérivés « Compétition », « Modifié » ou « Modifié Spécial », elle gagnera en puissance et en qualités routières, décrochant dans sa version course de brillants succès. Parallèlement, Delahaye ne se sentant pas l'âme d'un carrossier, c'est à d'autres qu'est confiée la tâche d'habiller le châssis 135, à la demande d'une clientèle sensible à l'esthétique autant qu'aux performances, tout en appréciant la robustesse de la Delahaye. Les dessins de Chapron ou Labourdette sont d'abord assez sages, jusqu'aux excès des années quarante où Saoutchik et Figoni se laissent aller à des délires de chromes et galbes extravagants. C'est un chant du cygne avant la disparition de la marque en 1954, Delahaye n'ayant malheureusement pas su adapter ses modèles aux besoins de l'après-guerre...

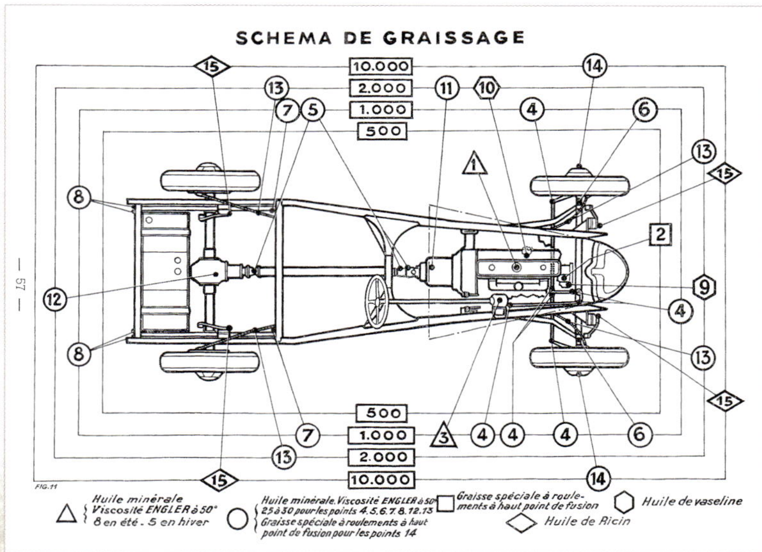

UNE BASE IDÉALE POUR LES CARROSSIERS

Moderne, luxueuse, aérodynamique... La Delahaye 135 fut déclinée en de très nombreuses carrosseries de façon plus ou moins heureuse.

Prisées avant-guerre, ces magnifiques autos ne résistèrent pas à la sortie de petites voitures économiques après le second conflit mondial.

Au lendemain de la guerre, la 4 CV répondait parfaitement aux besoins d'une population sevrée d'automobile. Elle dépassera le million d'exemplaires.

RENAULT 4 CV

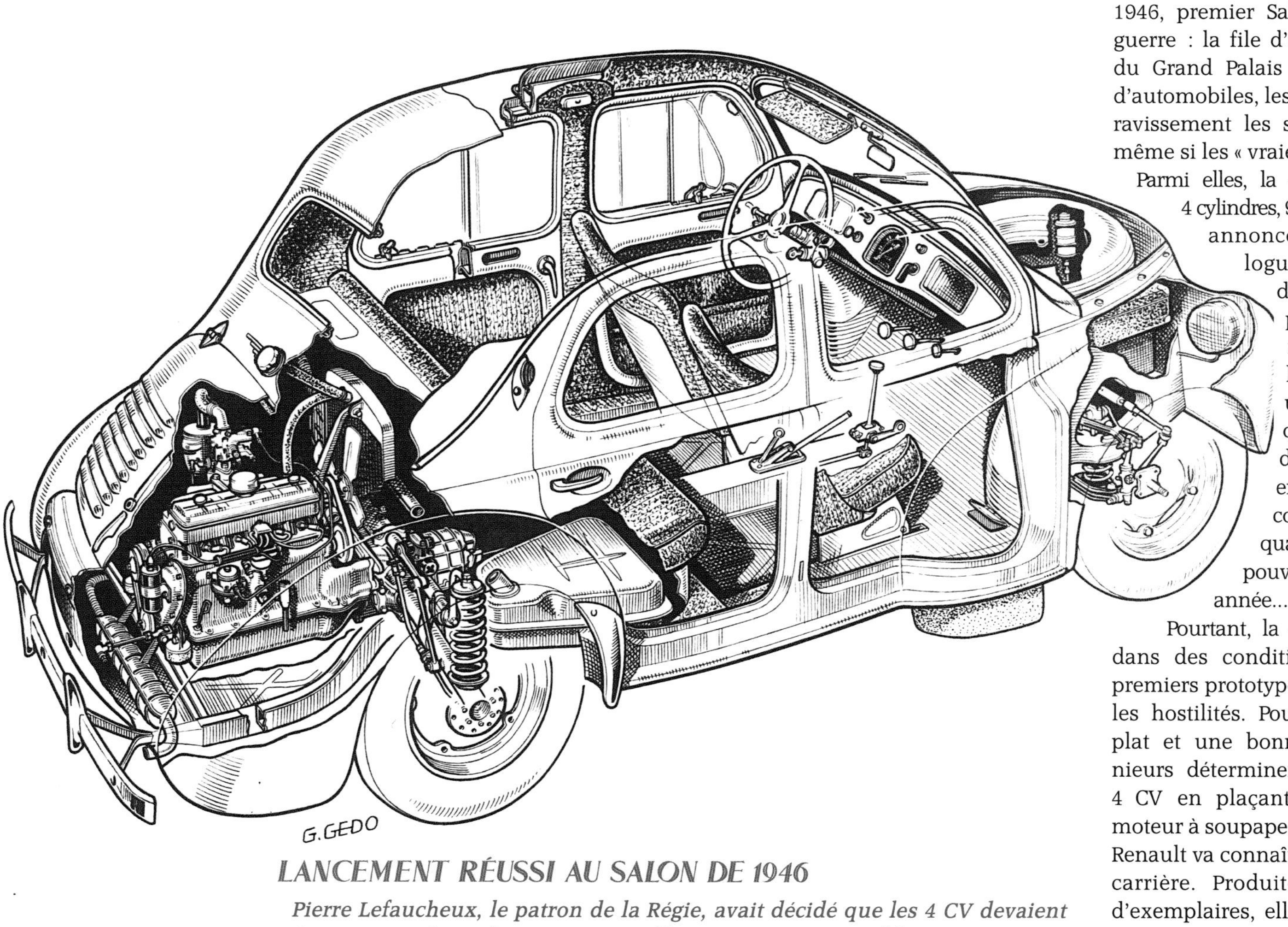

LANCEMENT RÉUSSI AU SALON DE 1946

Pierre Lefaucheux, le patron de la Régie, avait décidé que les 4 CV devaient être vues. La légende veut que qu'elles aient été jaune sable grâce à un stock de peinture récupéré sur les stocks de l'Afrikakorps !

1946, premier Salon de l'auto de l'après-guerre : la file d'attente s'étend du portail du Grand Palais jusqu'à la Seine. Sevrés d'automobiles, les visiteurs découvrent avec ravissement les stands des constructeurs, même si les « vraies » nouveautés sont rares. Parmi elles, la 4 CV Renault : « 4 places, 4 cylindres, 90 km/h, 6 litres aux 100 km » annoncent les premiers catalogues. Les acheteurs sont d'emblée séduits par cette petite auto qui, bien que modeste, ne craint pas les longs voyages et arbore une ligne plus moderne que les « caisses carrées » d'avant-guerre sillonnant encore les rues. Les bons de commande affluent, provoquant des délais de livraison pouvant parfois dépasser une année...

Pourtant, la 4 CV n'a pas été conçue dans des conditions faciles puisque les premiers prototypes on été réalisés pendant les hostilités. Pour ménager un plancher plat et une bonne habitabilité, les ingénieurs déterminent la personnalité de la 4 CV en plaçant à l'arrière le nouveau moteur à soupapes en tête. Dès lors, la petite Renault va connaître une longue et brillante carrière. Produite à plus d'un million d'exemplaires, elle ne cède la place qu'en 1961 à un autre best-seller, la Renault 4. Entre temps, elle aura connu diverses

FICHE TECHNIQUE

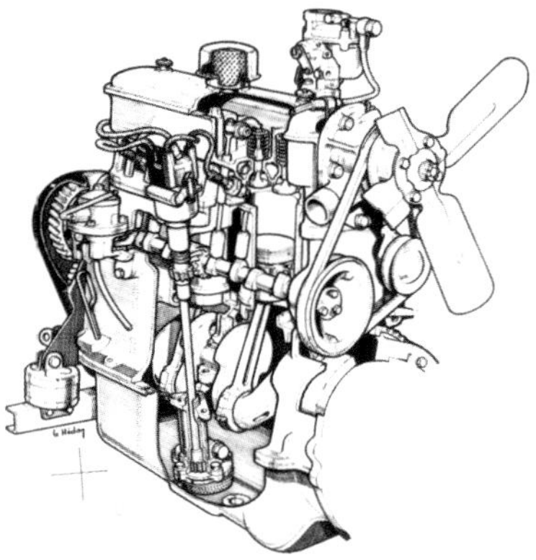

Moteur : arrière 4 cylindres en ligne
Cylindrée : 747 cm^3
Puissance : 21 ch à 5 000 tr/min
Transmission : aux roues AR, boîte 3 rapports + MA
Freins : tambours sur les quatre roues
Poids : 615 kg
Vitesse maximale : 100 km/h

UN MONDE NOUVEAU

Une nouvelle voiture pour une nouvelle génération et une voiture par famille. La 4 CV de la Régie va remettre la France sur quatre roues.

versions, de la très économique « Service » à la séduisante découvrable. Symbole de liberté et de congés payés, elle montrera aussi de solides capacités sportives, remportant sa catégorie dans les plus grandes épreuves, à commencer par les 24 Heures du Mans. Une façon de prouver son universalité...

UN TOUT PREMIER SUCCÈS

Avec la 4 CV, Renault venait de proposer une solution au problème de la petite voiture 4 places économique d'achat et d'entretien. Le 8 avril 1954, Renault célèbre avec éclat la sortie de la 500 000 ᵉ 4 CV...

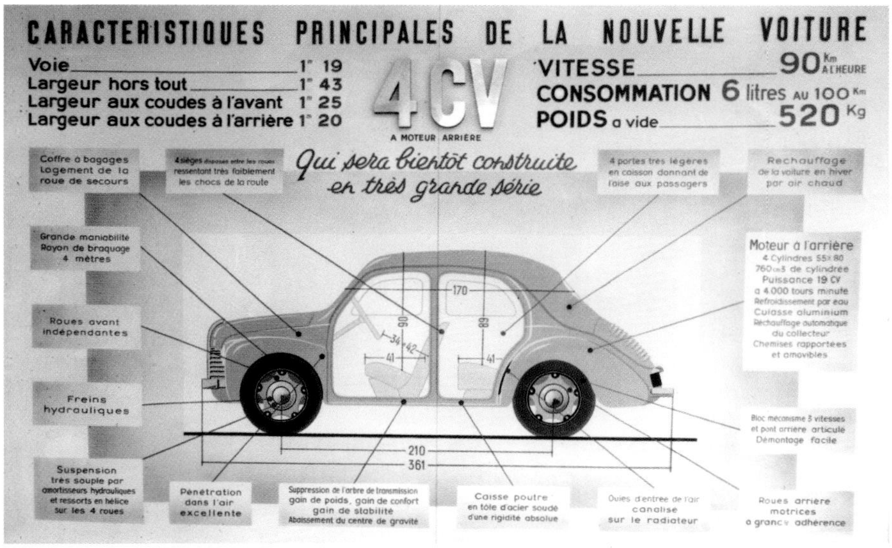

LE BLOC DE BASE

Au travers de nombreuses évolutions, le petit quatre cylindres fera le succès de Renault pour un bon quart de siècle.

Produite à plus de cinq millions d'exemplaires, la 2 CV Citroën fait partie du paysage français, au même titre que la baguette de pain. Un succès qu'elle doit au génie de sa conception, qui repose sur une recherche de l'absolue simplicité...

CITROËN 2 CV

« Ce n'est pas une voiture, c'est un art de vivre ! », dira-t-on de la 2 CV. Dès sa présentation au public, au Salon de l'auto 1943, la petite Citroën suscite l'étonnement. Le stand est bondé, on la regarde, on la secoue, on s'étonne de son prix défiant toute concurrence et l'on se demande même si cette voiture n'est pas une plaisanterie...

Sa conception remonte aux années trente. Pierre Boulanger, aux commandes de la firme de Javel depuis le tragique décès d'André Citroën, souhaite motoriser la campagne française. Il impose un cahier des charges que l'on a parfois résumé sous la formule lapidaire « quatre roues sous un parapluie ». La « TPV » (« Très Petite Voiture ») doit être simple, robuste, confortable, spacieuse et économique, quelles que soient les techniques employées. Les études démarrent et l'on retrouve l'équipe qui a déjà mis au point la Traction, sous l'autorité d'André Lefèbvre. Là encore, elle va faire preuve d'une imagination débridée, expérimentant toutes sortes de formules, jusqu'à

SIMPLISSIME !

Le culte de la simplicité était poussé à son paroxysme sur certains prototypes, comme celui-ci dont l'aménagement intérieur est digne d'un cellule de moine... Notez le levier de vitesses, déjà au tableau de bord.

FICHE TECHNIQUE

2 CV AZ 1964

Moteur : avant 2 cylindres à plat refroidis par air
Cylindrée : 425 cm^3
Puissance : 18 ch à 3 800 tr/min
Transmission : aux roues AV, boîte 4 rapports + MA
Freins : tambours sur les quatre roues
Poids : 500 kg
Vitesse maximale : 95 km/h

une carcasse recouverte de toile cirée et un démarrage du moteur à la ficelle, comme sur une tondeuse à gazon !
La guerre met un coup de frein au projet mais, dès la fin des hostilités, la TPV prend une forme qui se rapproche de son aspect définitif. Fixé à une plateforme-caisson, on a opté pour un petit moteur à deux • • •

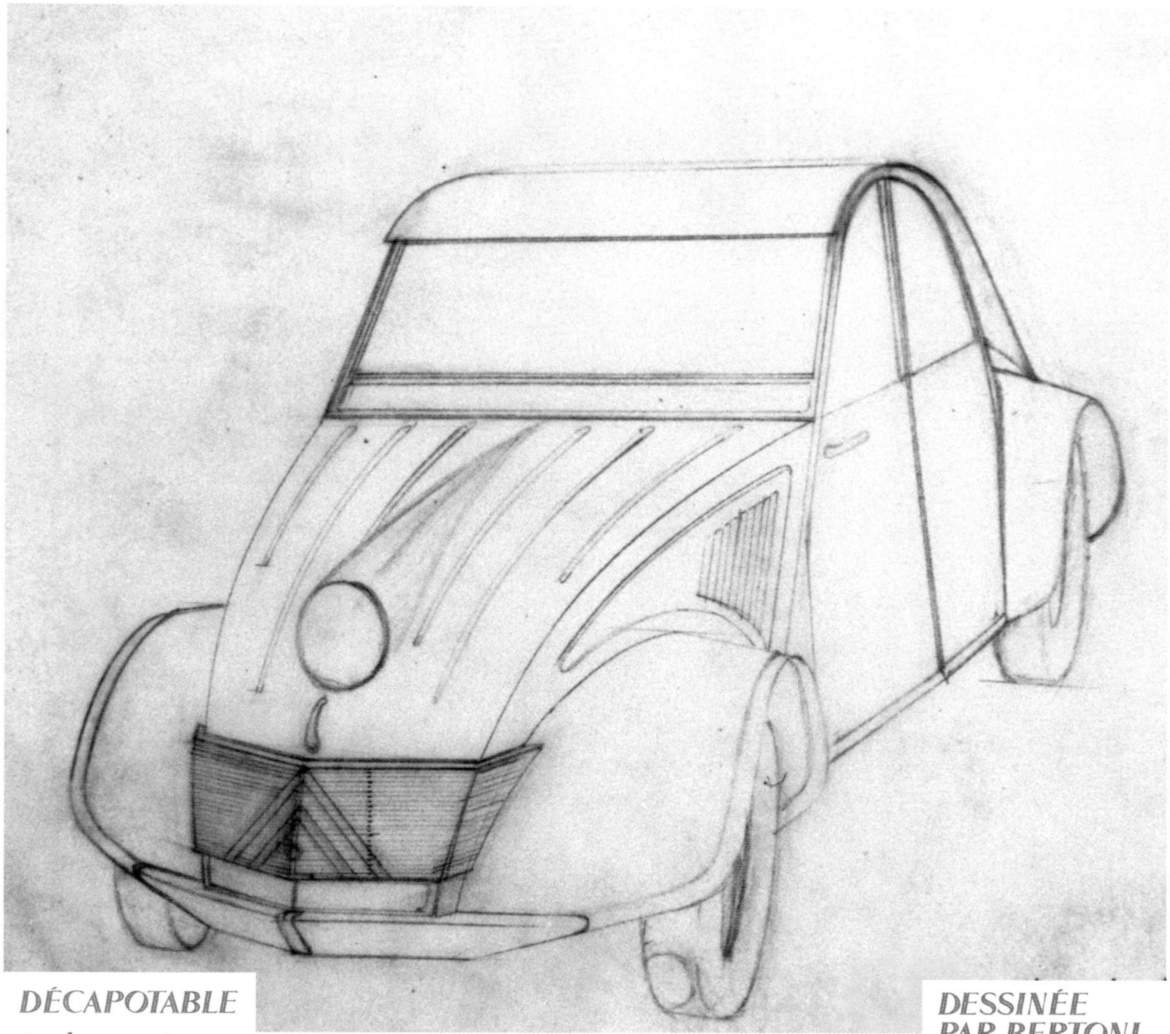

DESSINÉE PAR BERTONI

Croquis de Flaminio Bertoni esquissant la forme de la 2 CV, alors qu’elle s’appelle encore « TPV » Très Petite Voiture, au simple stade de l’étude. Ci-contre, un des prototypes, comportant des portes en parfait demi-cercle.

DÉCAPOTABLE

Sur les premiers modèles, le coffre était fermé par une simple toile, continuité de la capote.

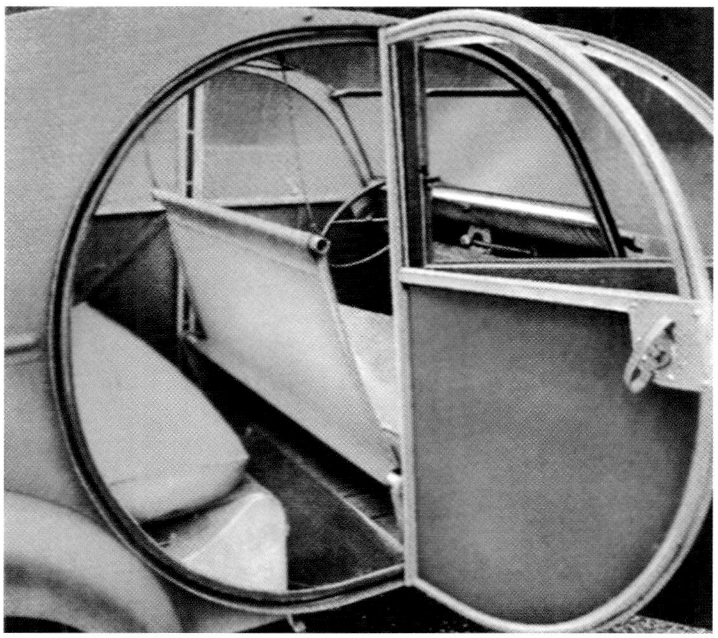

SIMPLICITÉ D'ASSEMBLAGE

La recherche de simplicité se trouvait aussi dans la conception de la carrosserie, les ailes étant fixées par de simples boulons et les ouvrants par de longues charnières coulissantes.

2 CV (TRÈS) SPÉCIALES

La 2 CV n'a pas connu énormément de variantes, la plus célèbre étant la Sahara, dont le second moteur placé dans le coffre actionnait les roues arrière, faisant de cette 2 CV une tout-terrain hors pair. À partir des années 70, Citroën s'est lancé dans les séries spéciales, comme les Spot, France 3, Dolly, Cocorico, James Bond ou Charleston, une des plus appréciée avec ses phares chromés. De leur côté, les petits constructeurs s'en sont donnés à cœur joie : barquette de record Barbot, coupés Umap et De Pontac, Dagonnet surbaissée, Bijou anglaise, sans oublier les transformations artisanales en pick-up, buggy ou cabriolet... Autant de fruits de la passion !

PIQUE-NIQUE BUCOLIQUE

Les sièges amovibles de la 2 CV permettaient de s'installer pour de confortables pique-niques...

• • • cylindres à plat opposés, intelligemment conçu par Walter Becchia. Ne s'encombrant pas de pièces inutiles, il est refroidi par air, ce qui en simplifie l'entretien. La Traction a ouvert la voie de la traction avant et la 2 CV lui emboîte le pas, via une boîte quatre vitesses dont une « surmultipliee ». La toile de pavillon qui descend jusqu'au bas du coffre permet un toit ouvrant commode, alors qu'à l'intérieur le tableau de bord se résume à un ampèremètre et un compteur de vitesses façon moto, commandé par un câble qui actionne aussi les essuie-glaces... Chaque détail de la 2 CV traduit ingéniosité et astuce. Jamais une auto n'a poussé aussi loin la recherche de simplicité, et la 2 CV répond ainsi merveilleusement à son cahier des charges. Légère, elle est confortable grâce à sa suspension à grand débattement, tient beaucoup mieux la route que la 4 CV Renault et se contente d'un appétit d'oiseau. Tout juste peut-on lui reprocher des performances un peu limitées. Le public ne s'y trompe pas : la 2 CV est

SUCCÈS AU SALON

Au Salon de l'auto 1948, la 2 CV tient la vedette du stand Citroën, attirant une foule curieuse de cette auto peu conformiste. Ci-contre, elle présentait l'avantage d'un toit découvrable, laissant soleil et bonne humeur inonder l'habitacle !

plébiscitée ! Les délais de livraison s'allongent, pouvant atteindre plusieurs années. En 1951, la gamme s'enrichit de la fourgonnette, merveilleuse voiture à tout faire. Puis s'égrènent les améliorations dont bénéficie la vaillante Citroën : moteur 425 cm^3 en 1954, grande lunette arrière en 1956, malle arrière tôlée l'année suivante, nouveau capot en 1960, nouveau tableau de bord en 1963, portes avant ouvrant dans le « bon » sens en 1964, carrosserie six glaces en 1965, apparition des 2 CV 4 et 2 CV 6 en 1970, freins à disques à l'avant en 1982... Entretemps, la 2 CV a conquis tous les publics : agriculteur, curé de campagne, commerçant, jeune père de famille... et elle a fait la joie des globe-trotters de tout poil, ravis de sa robustesse et de sa simplicité. Le plus célèbre étant Jacques Séguéla et son compagnon Baudot, pour leur projet « La terre en rond ».

En 1988, les usines de Levallois laissent partir la dernière 2 CV... pas tout à fait, car elle continue d'être produite au Portugal jusqu'à 1991. Avec un total de plus de 5 million d'exemplaires, elle appartient désormais au club fermé des légendes automobiles.

La fourgonnette tôlée va apporter le complément utilitaire indispensable à la petite Citroën.

Le Land Rover répondait à l'origine aux besoins d'une clientèle agricole. Son succès a largement dépassé ses modestes ambitions, avec une diffusion planétaire.

LAND ROVER

Voiture de baroudeurs et d'aventuriers, le Land Rover parcourt routes et pistes du globe depuis près de soixante ans. Pourtant, à l'origine, c'est plutôt à une clientèle agricole qu'il était destiné. En effet Maurice Wilks, codirecteur de la société Rover et possesseur de terres, récupère au lendemain de la guerre une Jeep des surplus militaires. Peu satisfait de son engin dont les pièces de rechange sont difficiles à trouver, il décide de le modifier à son goût, en répondant aux besoins des agriculteurs. Tout en

UN CHÂSSIS EXTRÊMEMENT RIGIDE

L'ensemble de la voiture est conçu de façon extrêmement robuste, capable d'affronter les plus dures épreuves. Remarquez notamment la section importante des longerons de châssis.

FICHE TECHNIQUE

Land Rover 88 1968

Moteur : avant 4 cylindres en ligne
Cylindrée : 2 286 cm³
Puissance : 68 ch à 4 000 tr/min
Transmission : aux roues AR,
boîte 4 rapports + MA,
boîte transfert 2 rapports
Freins : tambours sur les quatre roues
Poids : 1 523 kg
Vitesse maximale : 100 km/h

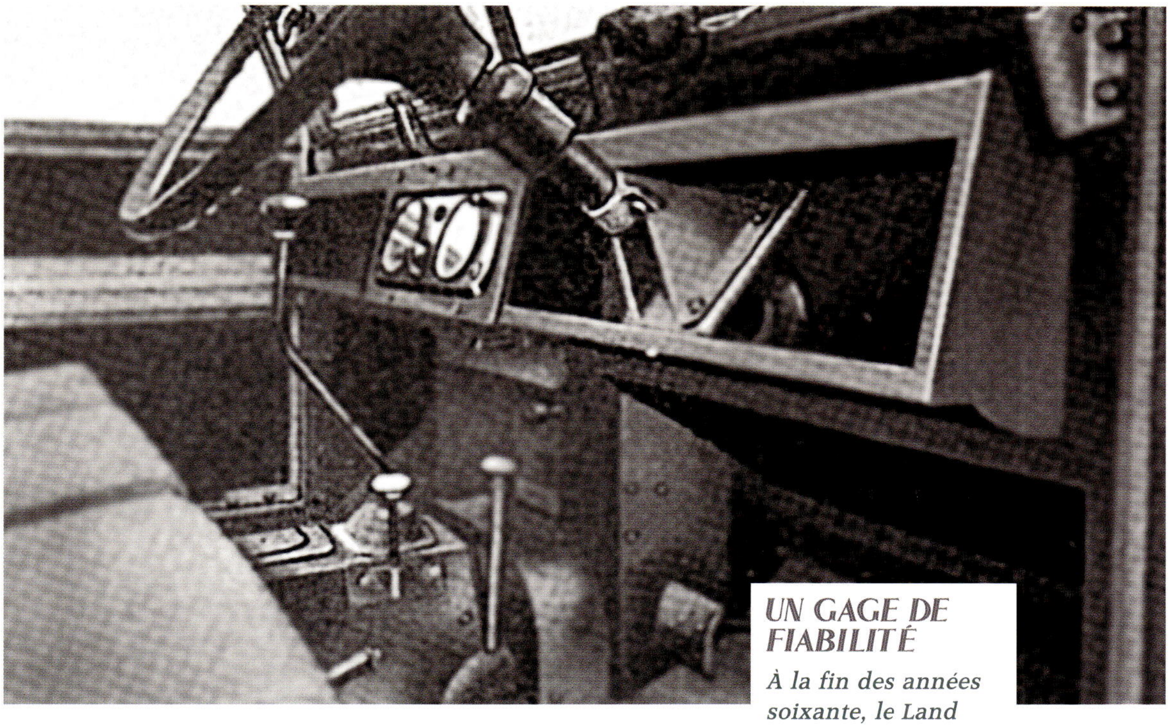

UN GAGE DE FIABILITÉ

À la fin des années soixante, le Land Rover était était assemblée dans près d'une vingtaine de pays et offrait de très nombreuse variantes. Elle était utilisée par l'armée et la police par plus de soixante-dix pays.

conservant le châssis Jeep, il adapte une mécanique Rover. En septembre 1947 est lancée une présérie de 50 voitures, dotées d'un nouveau châssis. Le véhicule abouti est présenté au salon d'Amsterdam, en avril 1948, et les commandes affluent. La production monte rapidement à 100 exemplaires par jour, dépassant celle des Rover de tourisme ! D'abord disponible en pick-up avec cabine tôlée ou bâchée, le Land Rover se complète en 1953 d'une version longue accueillant l'année suivante un break quatre portes dix places. En 1956, le Land adopte les deux empattements qui ne bougeront pas pendant une trentaine d'années, de 88 et 109 pouces. Deux ans plus tard apparaît le « Series II », qui bénéficie d'une cure de rajeunissement esthétique alors que, parallèlement, la mécanique bénéficie d'améliorations, une version diesel étant disponible depuis 1956. Dix ans plus tard, on passe le 500 000e exemplaire, le millionième étant atteint en 1976. Incroyable success story pour ce robuste tout-terrain ! D'une amélioration à l'autre, il poursuit sa route encore aujourd'hui, trouvant dans l'actuel Defender le digne descendant du Land Rover de Maurice Wilks.

Sillonnant villages et campagnes, la silhouette du Citroën Type H est restée pendant plus de trente ans familière du paysage français. Grâce à une conception particulièrement ingénieuse, remontant aux années trente...

CITROËN TYPE H

TRACTION AVANT ET CABINE AVANCÉE

Dans un encombrement relativement limité, le Type H offrait un beau volume de chargement, grâce à sa traction avant et à sa cabine avancée qui libéraient la partie arrière de la traditionnelle et encombrante transmission.

On le connaît en véhicule de marché, offrant ses étalages sur les places de villages, en ambulance, en car de police, ou tout simplement en fourgon tôlé... Il a parcouru si longtemps nos routes et campagnes qu'on ne sait plus très bien quand il est né et s'il est encore produit. Le Citroën Type H a rendu bien des services, sur une carrière de plus de trente ans, preuve de l'ingéniosité de sa conception.

Celui que l'on a aussi appelé le « Tube » doit ce surnom à son prédécesseur, dont l'origine remonte aux années trente... À cette époque, les petits utilitaires sont encore malcommodes, handicapés par un seuil de chargement haut et une charge utile limitée. Une étude effectuée chez Citroën traduit le besoin d'un utilitaire léger offrant au conducteur une facilité de mouvement pour les livraisons.

L'équipe se met au travail et, en 1937, met au point un premier prototype. Désigné TUB, il propose des solutions originales et qui vont faire école. Pour obtenir un plancher plat, les ingénieurs ont opté pour la traction avant, ce qui permet d'utiliser les éléments mécaniques de la Traction, sortie trois ans auparavant. Doté d'une cabine avancée,

FICHE TECHNIQUE

TYPE H 1947

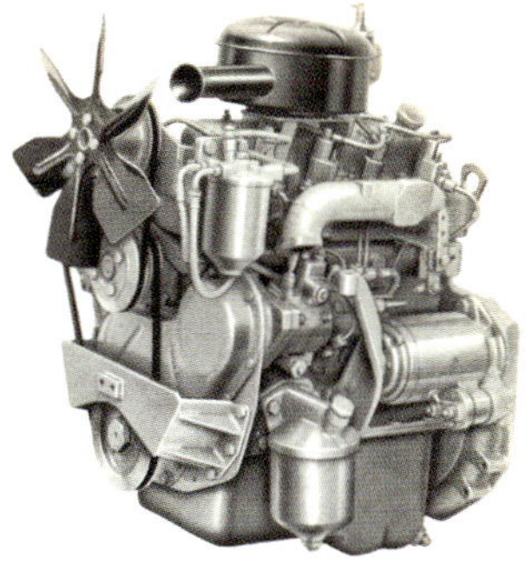

Moteur : avant 4 cylindres en ligne
Cylindrée : 1 911 cm^3
Puissance : 50 ch à 3 800 tr/min
Transmission : aux roues AV, boîte 3 rapports + MA
Freins : tambours sur les quatre roues
Poids : 1 400 kg
Vitesse maximale : 90 km/h

PLANCHER PLAT

Le Type H se voulait de construction simple, avec sa coque composée de panneaux droits, en tôle nervurée pour assurer une bonne rigidité. Il offrait un plancher plat et bas, précieux pour le transport de marchandises.

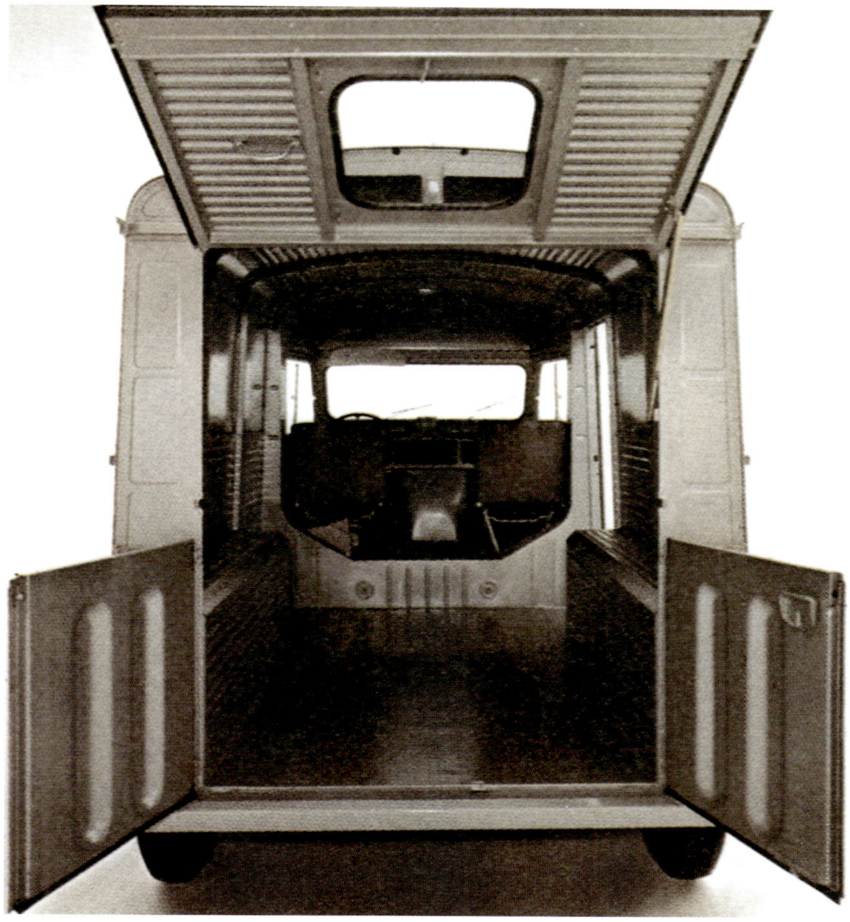

le nouveau fourgon comporte une porte latérale coulissante. En fait, le coup de génie des ingénieurs du bureau d'études est d'avoir défini une configuration qui va être reprise sur tous les utilitaires futurs, quelle que soit leur marque...

Le Type H évoluera assez peu, sur le plan esthétique. Les ailes arrière rectangulaires apparaissent en 1969.

LE HY HOLLANDAIS

On le sait, la Hollande est particulièrement attachée à la marque Citroën. Normal, puisqu'André Citroën était d'origine hollandaise... Toujours est-il que le Type H y sera fabriqué de 1963 à 1972. Quasiment identique à la version française, il en diffère par un détail qui a son importance : les portes s'ouvrent dans le « bon » sens, grâce au rajout de grosses charnières traditionnelles. Efficace, à défaut d'être élégant, pour la dizaine de milliers d'exemplaires produits dans ce pays.

POUR FACILITER LE TRANSPORT

Ce document vante deux des principales qualités utilitaires du Type H : plancher plat et porte latérale coulissante. Des caractéristiques encore rares à l'époque.

En « tôle ondulée »

Mais quelques mois après sa commercialisation, en 1939, la guerre éclate et y met un coup de frein brutal. Les études d'un nouvel utilitaire se poursuivent toutefois secrètement pendant les hostilités, sous l'autorité d'André Lefèbvre. De telle sorte que, dès le retour de la paix, les premières maquettes peuvent être réalisées. Le Type H s'inspire évidemment largement du TUB, mais avec une différence importante : il comporte une carrosserie monocoque, rigidifiée par les nervures appliquées à la tôle. C'est ce qui lui donnera son aspect si caractéristique de « tôle ondulée ». On a recherché, pour les ouvertures, la simplicité : porte latérale coulissante, portes et hayon arrière, coffre latéral abritant la roue de secours... Le moteur et la boîte de la Traction 11 CV propulsent l'ensemble, qui est suspendu sur des barres de torsion à l'avant et l'arrière. Le Type H peut ainsi charger 1 200 kg de marchandises.

Présenté en 1947 dans une livrée grise caractéristique, il est d'abord proposé en fourgon, plateau à ridelles et plateau-cabine. Deux ans plus tard apparaît le Type HZ, qui ne diffère que par une charge utile limitée à 850 kg et une vitesse de pointe un peu plus élevée. De son côté, le Type H va devenir HY en 1958, en passant à 1 500 kg. Les deux versions ne vont ensuite évoluer que par des détails de carrosserie, comme le pare-brise en une partie à partir de 1964, ou la modernisation de la caisse en 1969. Côté mécanique, le diesel apparaît en 1961 et un nouveau moteur essence est disponible en 1963, alors que le HZ passe à 1 000 kg en 1968. En 1972, le HW reçoit une suspension arrière oléopneumatique, très appréciée sur les versions ambulances. Le Type H a évidemment été l'objet de multiples aménagements et adaptations, par Currus, Heuliez ou des ateliers artisanaux. Indestructible, il survit au lancement du C35 en 1974, et c'est en décembre 1981 que le dernier exemplaire sort des chaînes d'Aulnay-sous-Bois. Avec pas loin d'un demi-million d'exemplaires, le Type H aura ouvert la voie aux utilitaires modernes...

MARCHANDS AMBULANTS

Le Type H s'est décliné en toutes sortes de carrosseries comme, ci-contre, divers aménagements pour commerçants ambulants. Ces variantes étaient en majorité réalisées par des ateliers artisanaux.

LES VACHES AUSSI...

La silhouette caractéristique du Type H s'est même accommodée de carrosseries bétaillères, typiques de la France rurale.

Avec la 203, Peugeot négocie avec sûreté le virage de l'après-guerre. Confortable et robuste, la nouvelle venue bénéficie d'une ligne s'inspirant du rêve américain.

PEUGEOT 203

INFLUENCE AMÉRICAINE

La forme de la 203 est influencée par le style américain des années 40-50, avec son capot en pointe et son arrière effilé.

En 1945, l'Europe soigne ses blessures. Libérée par les Américains, elle lorgne de l'autre côté de l'Atlantique où est en train de naître « l'american way of life ». Alors quand, chez Peugeot, est mis sur la planche à dessin le projet d'une 8 CV moderne, on s'inspire forcément du style du nouveau continent. La 203 le fait remarquablement. En rupture complète avec les Peugeot d'avant-guerre, les 202 et 302 du « fuseau Sochaux », elle reprend le capot pointant vers l'avant et l'arrière effilé si en vogue aux États-Unis. Lors de sa présentation au public au Salon de l'auto 1948, elle apparaît résolument moderne, tout en adoptant une technique assez traditionnelle. Au contraire de Citroën, qui emprunte des voies hardies, voire hasardeuses, Peugeot joue les valeurs sûres. Robuste et confortable, la 203 bénéficie d'une conception intelligente qui sera d'ailleurs reprise dans ses grandes lignes sur la 403 puis la 404. Ce qui lui permet de rencontrer un succès immédiat : dès 1949 la production dépasse le niveau de 1939, avec plus de cent voitures sortant chaque jour des usines. La berline s'adjoint bientôt diverses variantes : familiale, commerciale, berline découvrable, camionnette tôlée ou bâchée, cabriolet à partir de 1951, coupé éphémère en 1953... La 203 connaît ses premières améliorations importantes en 1952, avec notamment l'agrandissement de la lunette arrière. L'apparition trois ans plus tard de la 403 ne la détrônera pas, puisqu'elle va rester au catalogue jusqu'en 1960.

PEUGEOT 203

FICHE TECHNIQUE

Moteur : avant 4 cylindres en ligne
Cylindrée : 1 290 cm^3
Puissance : 45 ch à 4 500 tr/min
Transmission : aux roues AR, boîte 4 rapports + MA
Freins : tambours sur les quatre roues
Poids : 960 kg
Vitesse maximale : 115 km/h

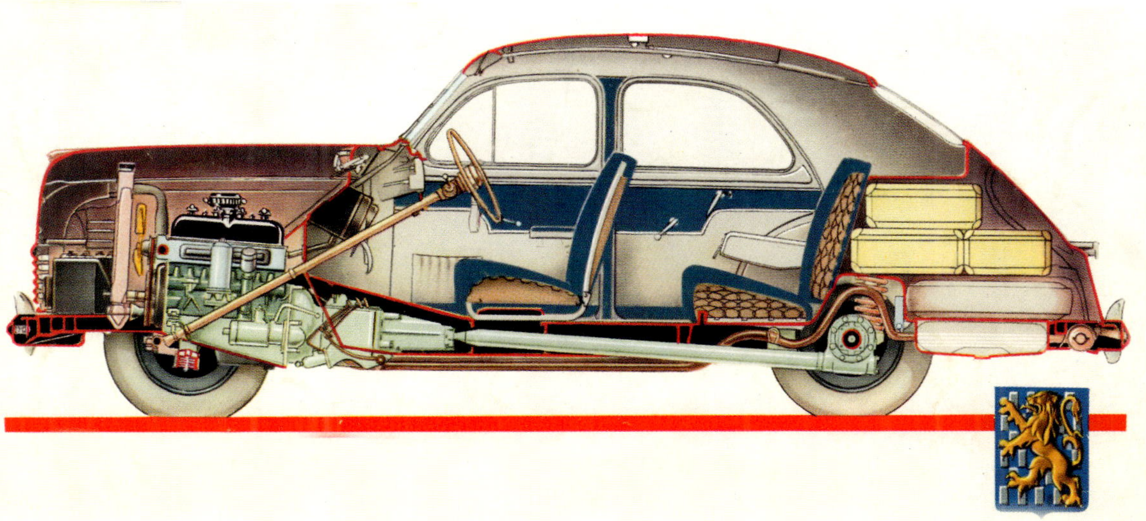

DISPOSITION TRADITIONNELLE

Cette coupe permet d’apprécier l’organisation intérieure de la 203. La disposition mécanique est classique, mais le pont arrière à vis permet d’abaisser au maximum le tunnel de transmission. Ci-dessous, la proximité d’un château est supposée donner de la 203 une image cossue...

Né pour fabriquer en France des Fiat sous licence, Simca est devenu un des plus grands constructeurs français. Avec l'Aronde, la firme prend sa complète indépendance et marque sa différence.

SIMCA ARONDE

UTILITAIRES
L'Aronde offrait plusieurs versions utilitaires, dont un break tôlé et un break vitré Messagère ou Châtelaine, comportant un hayon commode en deux parties.

Au lendemain de la guerre, Henri Pigozzi met un certain temps à s'affranchir des contraintes du « plan Pons », qui impose aux constructeurs français certaines catégories de véhicules pour répondre aux besoins immédiats. Il réussit en 1946 à reprendre le contrôle de ses usines de Nanterre, et redémarre la production des Simca 5 et 8 de 1939. D'origine italienne, Pigozzi a fondé fin 1934 la Société industrielle de mécanique et carrosserie automobile (Simca), qui produit en France des Fiat sous licence. Il est ainsi devenu l'un des premiers constructeurs français et souhaite dorénavant s'éloigner de la tutelle de Fiat. Avec un peu de retard par rapport à Peugeot, qui a présenté sa 203 en 1948, Pigozzi lance en 1951 la Simca 9. Elle est vite appelée « Aronde »,, mot ancien signifiant hirondelle, allusion à l'oiseau stylisé que l'on retrouve dans la publicité Simca. Dotée d'une ligne moderne mêlant style américain et influence italienne, cette 7 CV reste de conception très classique. Plus légère que la 203 ou que la Traction, elle est aussi plus nerveuse et offre un équipement flatteur. Seul pêche le confort assez rudimentaire, à cause d'une suspension arrière dépassée. Ce qui n'empêche pas l'Aronde de se montrer adepte des records, comme en 1953 celui des 100 000 km à 104,07 km/h de moyenne ou, en 1957, la même distance à 113 km/h, sur le circuit de Montlhéry. D'où l'appellation de sa variante la plus puissante, la Montlhéry, qui reçoit le

SIMCA ARONDE

FICHE TECHNIQUE

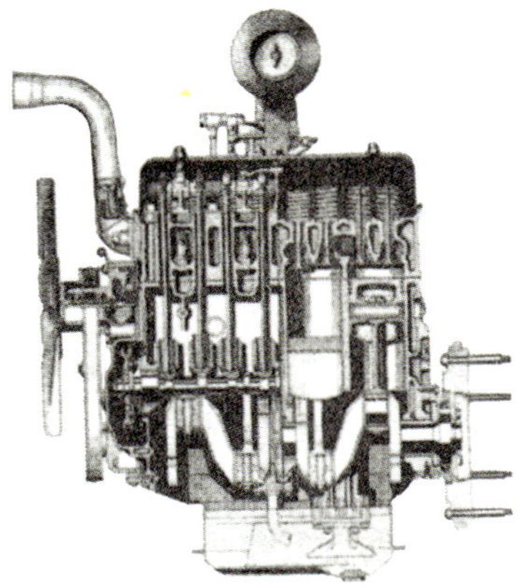

Moteur : avant 4 cylindres en ligne
Cylindrée : 1 221 cm³
Puissance : 45 ch à 4 500 tr/mn
Transmission : aux roues AR, boîte 4 rapports + MA
Freins : tambours sur les quatre roues
Poids : 930 kg
Vitesse maximale : 120 km/h

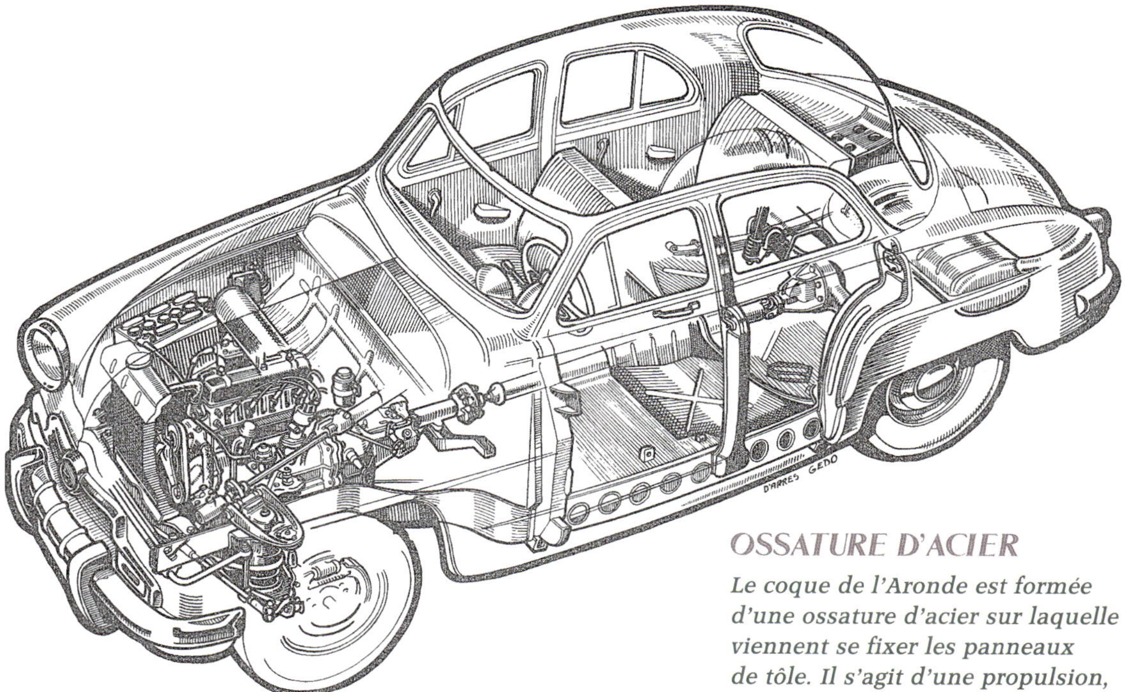

OSSATURE D'ACIER

Le coque de l'Aronde est formée d'une ossature d'acier sur laquelle viennent se fixer les panneaux de tôle. Il s'agit d'une propulsion, formule encore majoritaire à l'époque.

LIGNE OCÉANE

Sorte de croisement d'influences américaine et italienne, la forme de l'Aronde évoluera en 1956 en adoptant la « ligne océane », plus tendue (ci-dessous). Par la même occasion est présenté le moteur Flash.

moteur Flash Spécial. En 1959, l'Aronde s'efface derrière la nouvelle P60, qui offre un dessin plus moderne dans la continuité technique. À l'époque, Simca est en plein développement après le rachat en 1954 de Ford France et le lancement des Vedette . Mais c'est une autre histoire...

Sophia Loren vêtue d'une somptueuse robe rouge et fumant une cigarette assise sur le capot d'une 2 CV ... Elle incarne la classe de toute une époque.

504747•MI

Ces voitures qu'on aime tant

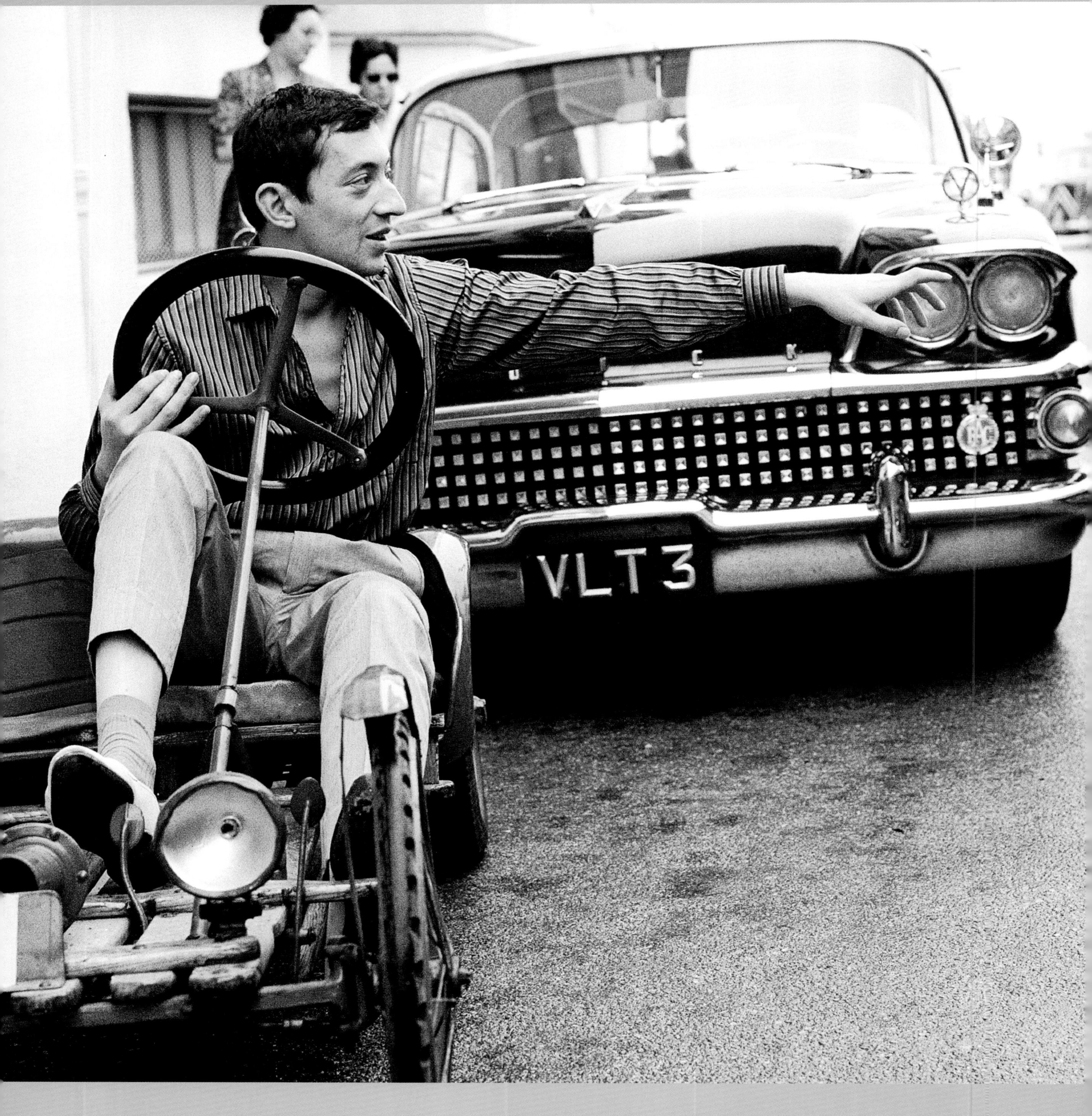

Les années "50"

Après les années de privation, la consommation a redémarré sous le signe du progrès. L'automobile explore tous les styles : futurisme à l'américaine ou lignes harmonieuses de l'école italienne. Pendant ce temps-là, Citroën présente la DS, qui sera sacrée "produit du siècle" quelques décennies plus tard. Le petit Jean-Pierre traverse la France du sud au nord et du nord au sud dans la 2 CV paternelle.

Une fois encore, l'événement se passe au Grand Palais. En ce 6 octobre 1955, la DS 19 pointe le bout de son long capot devant un public médusé. Médusé mais séduit puisque 750 commandes sont prises en 45 minutes, 12 000 dès le premier jour et 80 000 à la fin du Salon ! La remplaçante de la Traction avant (produite à plus d'un million d'exemplaires) jette un pont vers le futur, un pont tellement long que cinquante ans après, on en parlera encore.

Avec la DS, Citroën innove avec une ligne et des techniques révolutionnaires, ce cocktail mécanique va s'imposer sur le marché du haut de gamme pour vingt ans !

Serge Gainsbourg n'a jamais été à proprement parler un fan d'automobile mais, un jour, il déclara : "Je sais que c'est épuisant de vivre avec moi. Il faut prendre des risques. Moi, c'est le genre Formule 1, c'est pas la 2 CV."

Ce qu'on appelait des dispositifs hydrauliques allaient chambouler les repères de l'automobiliste... Le passage des vitesses est commandé hydrauliquement... Le freinage est amplifié hydrauliquement... La direction est assistée hydrauliquement... Les suspensions sont hydropneumatiques... Et puis, comme le soulignent les journalistes de Paris-Match le ventilateur est en Nylon, les portes se ferment d'avant en arrière, et les combinaisons de couleurs (aubergine et gris, vert clair et crème, gris et bleu pastel, crème et noir) paraissent bien avant-gardistes quand la plupart des voitures sont encore noires ou grises.

L'élégance à la française

Rarement une auto aura aussi bien représenté une époque. "La DS fait également partie de mon musée imaginaire. Mon père en avait commandé une mais il est décédé avant de la recevoir. Cette voiture me paraissait étrange, tant par ses lignes extérieures que par son style intérieur. Le volant mono

Luxe et confort à la maison

Avec les années cinquante s'éloigne l'après-guerre, et qui se souvient que les 4 CV présentées en 1946 étaient jaunes car elles avaient été peintes avec les stocks de l'Afrika Korps ? À peine 10 ans après, la DS propulse le visiteur du Salon de l'auto dans la modernité du milieu des années cinquante : c'est l'époque où le frigo entame sa conquête des cuisines.. en formica. En 1954, moins de 10 % des ménages français possèdent un réfrigérateur, les autres se débrouillent avec un garde-manger et connaissent l'odeur du beurre rance. Petit à petit, les machines à laver, les gazinières, les moulins à café, les aspirateurs – tous électriques – permettront aux familles françaises de gravir une marche dans l'échelle sociale, d'accéder au confort et au luxe, de céder à l'image du modèle américain.

Un Américain sur trois possède sa voiture mais seulement un Français sur douze, et environ cent millions d'automobiles circulent dans le monde !

L'automobile continue d'incarner le progrès et l'accession au confort moderne même si le monde continue d'osciller entre guerre froide et paix.

branche, le levier de vitesse planté derrière le volant et le tableau de bord en faisaient une véritable soucoupe volante. Et puis, la DS se déplaçait en s'accompagnant de divers chuintements et sifflements hydrauliques.

Dans mon esprit, la DS reste étroitement associée aux hommes politiques... et au général de Gaulle. Quand je pense à cette voiture, je suis instantanément projeté dans une France dont la modernité s'étale dans les pages de Paris-Match. Oublions que la fiabilité des premiers modèles ne fut pas exemplaire, que les passagers des places arrière avaient intérêt à avoir le cœur bien accroché, et que la DS aurait mérité un moteur à la hauteur de sa tenue de route pour ne conserver que le meilleur : la DS avait vingt ans d'avance sur ses concurrentes.

L'automobiliste français délaisse le charme désuet des routes bordées de platanes pour emprunter les premiers tronçons de l'autoroute de l'ouest.

Millésime 1957

"Il y a quelques années, j'ai reçu une lettre de Valence, dans la Drôme. Un monsieur m'écrivait qu'il savait que j'étais passionné de voitures et qu'il possédait une 2 CV de 1957 absolument neuve... Si j'étais intéressé, je n'avais qu'à le contacter. 'Ce n'est pas possible' était la seule phrase que j'étais stupidement capable de répéter.

Dans mon enfance, la 2 CV a également joué un rôle important et en posséder une était une envie qui commençait à s'imposer à moi. Mais m'en voir proposer une – neuve – sans consacrer une minute à sa recherche ressemblait à un petit miracle à la Dom Camillo. Un samedi matin, je suis parti avec un copain

L'automobile n'est plus exclusivement réservée aux hommes. Cette femme moderne explique-t-elle à son fils les secrets de la technologie qui se cache sous le capot de la DS ?

De Jacques Brel au général de Gaulle (page précédente), la Citroën DS restera longtemps la voiture des stars et des personnalités en vue. Cette voiture à l'élégance exceptionnelle et à la modernité incontestée accompagne les actualités des années 50... et 60.

pour aller la voir. De Marseille, il n'y a pas plus de deux heures de route. Arrivé sur place, je savais que j'allais vivre un moment rare, des instants durant lesquels le cœur s'emballe comme pour un premier rendez-vous.

Le grand-père de ce monsieur avait commandé cette 2 CV, mais il est mort avant de la recevoir. Quand la petite Citroën a enfin été livrée (en 1957, il fallait patienter deux ans pour prendre livraison d'une 2 CV), sa grand-mère a décidé que personne ne toucherait à la voiture de son mari. La 2 CV s'est retrouvée sur cale et recouverte d'une bâche au fond du garage. Et elle a tenu parole jusqu'à sa mort. Il a continué son histoire en me disant que sa grand-mère était décédée quelques mois auparavant et qu'il avait contacté Citroën afin de leur proposer cette petite merveille. Mais, comme le Conservatoire Citroën ne la désirait pas car il en avait déjà quelques-unes, il avait pensé à moi."

Y a d'la joie...

"Je me demandais ce que j'avais fait pour mériter de vivre un moment aussi exquis. Bien sûr, que je la prenais... C'était extraordinaire, plus excitant encore que la découverte d'un trésor. Je prenais le temps de détailler la 2 CV sous toutes ses coutures, sachant que ses sensations seraient éphémères. La carrosserie était encore recouverte d'une fine couche de paraffine, il y avait la croix à la craie sur le bouchon d'essence pour signifier que le garagiste avait bien mis les cinq litres d'essence. Cette 2 CV de 1957 n'avait que trois kilomètres au compteur. C'étaient les trois kilomètres qui séparaient la concession Citroën de la maison de cette dame.

C'était une interprétation moderne et mécanique de la belle au bois dormant. Nous sommes allés la chercher avec un plateau. J'ai juste changé la batterie et les bougies, nettoyé la crépine du réservoir et la 2 CV a accepté de démarrer au quart de tour. C'était absolument fantastique de faire revivre cette voiture neuve, vieille de quarante ans ! Au même titre que la Delahaye, la 2 CV occupe une place à part dans mon cœur, et entendre à nouveau vrombir ce petit bicylindre me remplissait d'aise, même avec la vitre qui me retombait sur le coude à chaque bosse ! Inutile de préciser que j'en prends soin comme de la prunelle de mes yeux. Je la fais tourner régulièrement, mais je roule peu avec et, quand je l'utilise, je dois confesser que je démonte le câble du compteur. J'espère que vous saurez me pardonner...

Aujourd'hui, avec cette 2 CV, j'ai renoué avec une partie de mon enfance (en 1957, j'avais 10 ans). Elle reste un lien entre les souvenirs et la réalité."

Jacky Kennedy adopta aussi la DS française. Radieuse et souriante, elle arrive devant le palais de l'Élysée.

Symbole de liberté, de voyages longue distance et de « flower power » sur la route de Katmandou, le Combi Volkswagen a rencontré un véritable succès planétaire, étalé sur une durée record.

Volkswagen Combi

CABINE AVANCÉE

L'absence de moteur à l'avant garantit un poste de conduite complètement dégagé et très avancé. L'aménagement est assez spartiate.

L'idée du Combi Volkswagen ne vient pas d'Allemagne, mais de... Hollande. C'est en effet l'importateur néerlandais de la marque, Ben Pon, qui en a proposé en 1947 le projet à Volkswagen, alors encore sous administration alliée. Basée sur la Coccinelle, l'idée séduit le directeur général, Heinrich Nordhoff, qui donne son feu vert pour lancer l'opération. Elle est menée tambour battant puisqu'un premier prototype voit le jour dès 1949, modifié pour donner naissance à la version définitive. De forme simple avec son pare-brise en deux parties et sa grosse moulure en « V » à l'avant, il adopte une carrosserie semi-monocoque spécifique mais reprend la mécanique de la Coccinelle, placée à l'arrière. Ce qui n'est guère logique pour un utilitaire : en cela, le Volkswagen est vraiment unique ! Ce défaut d'ouverture arrière sera compensé par une ou deux larges portes latérales, alors que les arguments invoqués lors du lancement seront une meilleure répartition des masses : le poids du moteur, à l'arrière, est équilibré par celui des passagers, à l'avant, alors que le chargement se place exactement entre les deux !

La présentation du Typ 2, également appelé Transporter, se fait à la fin de l'année 1949. Le Combi n'est qu'une variante de carrosserie, alors que la plus demandée est le fourgon tôlé. Dans la série, la palme du luxe revient au Samba, que l'on nomme aussi « 23 fenêtres ». Entre les lanterneaux

FICHE TECHNIQUE

COMBI 1961

Moteur : arrière 4 cylindres à plat
Cylindrée : 1 192 cm^3
Puissance : 30 ch à 3 400 tr/min
Transmission : aux roues AR, boîte 4 rapports + MA
Freins : tambours sur les quatre roues
Poids : 1 055 kg
Vitesse maximale : 95 km/h

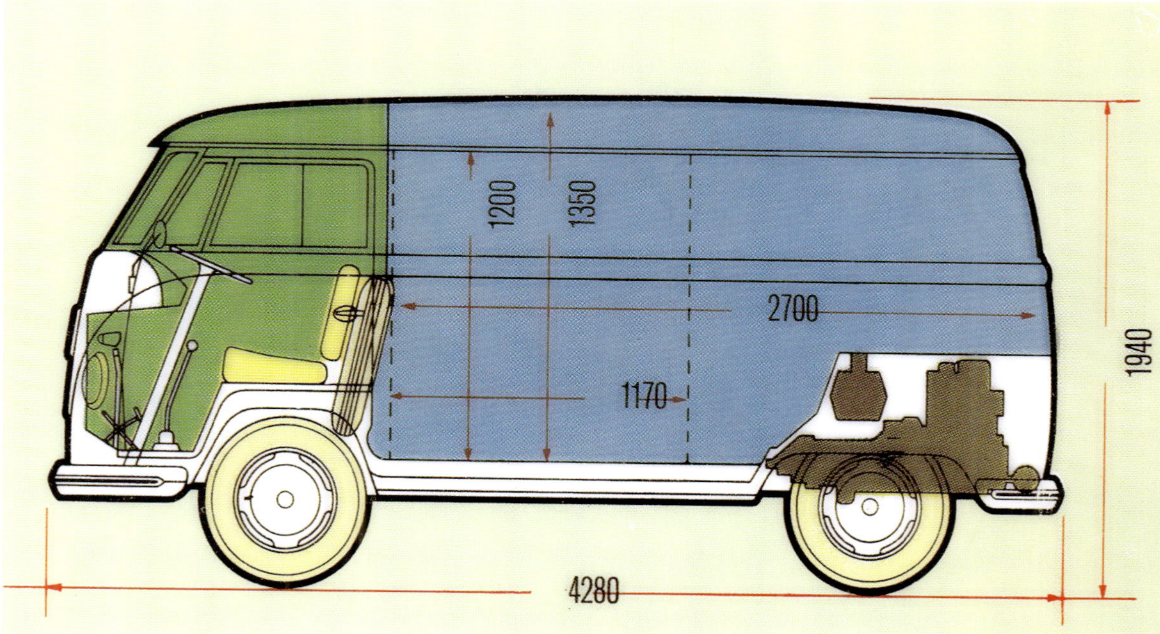

MOTEUR ARRIÈRE

Le Combi Volkswagen proposait une disposition assez peu logique pour un utilitaire, le moteur arrière réduisant la plateforme de chargement. Ce qui ne l'a pas empêché de rencontrer le succès planétaire que l'on sait...

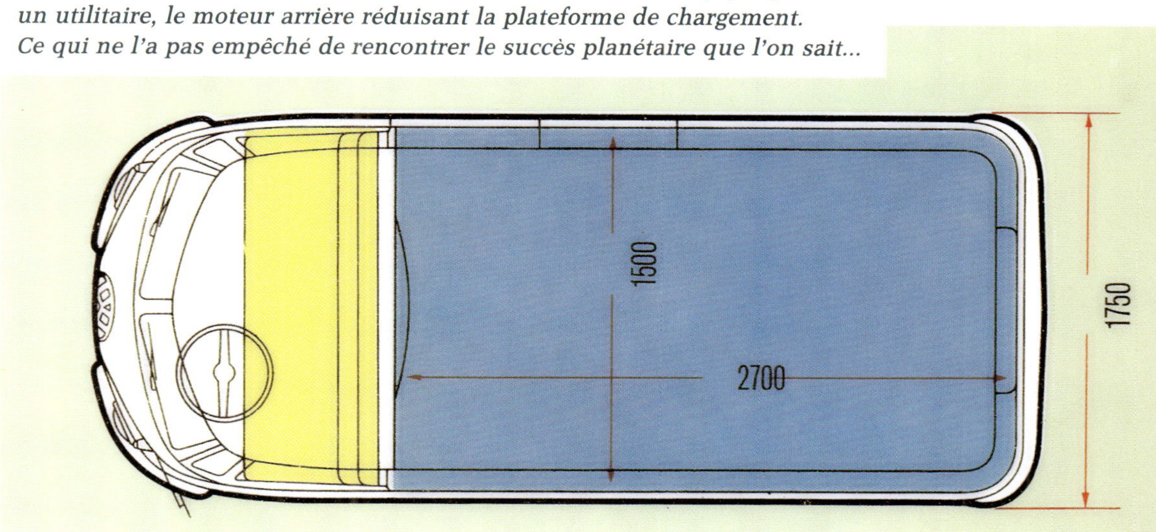

de pavillon, les vitres d'angles et les vitres « normales », c'est bien le compte ! En plus de cette considérable surface vitrée, le Samba bénéficie d'équipements particulièrement luxueux : peinture bicolore, toit découvrable, planche de bord mieux équipée...
En 1953 intervient la première modification importante : alors que jusque-là seul le moteur était accessible par l'arrière, Volkswagen introduit un hayon donnant accès à l'intérieur. Par la même occasion, le compartiment moteur est abaissé, libéré de la roue de secours qui rejoint l'intérieur de la cabine. Parallèlement, le Combi connaît diverses améliorations d'aménagements et d'équipement, comme la présence • • •

FOURGON, PICK-UP, MINIBUS...

Cette photo donne un aperçu des différentes versions du Combi, produites en série : fourgon tôlé, pick-up simple ou double cabine, minibus normal ou de luxe 21 fenêtres...

VARIANTES ET CAMPING CARS

CAMPING PRÉCURSEUR

La moulure avant en V et le gros logo VW rend le Combi reconnaissable entre mille. Ci-dessous, le Combi constituera une excellente base pour l'aménagement de camping-cars.

Dès le départ, le Typ 2 a été proposé en plusieurs versions de carrosserie, adaptées à de multiples usages : microbus pour le transport de personnes, fourgon tôlé, Combi, Samba... Volkswagen a de plus rapidement proposé une réalisation à la demande, tenant compte des différentes options possibles. À ces versions « usine », il faut ajouter celles de carrossiers plus ou moins artisanaux, pour des besoins spécifiques. Parmi eux, un des plus célèbres est Westphalia, constructeur de camping-cars, qui en créera un sur la base du Combi. Sa réalisation plaira au constructeur, à tel point que le camping-car Westphalia sera distribué via le réseau Volkswagen.

• • • d'aérateurs, la disparition des flèches de direction, l'installation d'une jauge à essence... Alors que, côté mécanique, le robuste quatre cylindres à plat gagne un peu de puissance.
Le succès du Combi ne faiblit pas : en 1954, on fête le 100 000e Typ 2, alors que la Coccinelle franchit l'année suivante le cap du million d'exemplaires. En 1962, c'est au tour du Typ 2 d'atteindre le million ! À la même époque, le fidèle utilitaire reçoit un moteur 1500, plus étoffé et agréable d'utilisation que le vieux 1200. Dorénavant, le Combi peut tenir le 100 km/h ! D'autres améliorations vont continuer à faciliter la vie des utilisateurs, comme un hayon arrière plus large ou un système électrique en 12 volts. Mais ces efforts ne peuvent cacher l'âge du Typ 2. En 1968, il est remplacé par la nouvelle génération de Transporter, qui adopte un pare-brise en une partie. En tout, le vénérable VW aura été produit à près de 2,5 millions exemplaires, si l'on compte la production brésilienne, qui a continué bien après l'arrêt des chaînes allemandes. Un record, pour un utilitaire !

BON À TOUT FAIRE

Le pick-up simple cabine, ci-dessous, comportait un vaste coffre situé sous la plateforme de chargement qu'il complétait utilement. Les ridelles étaient évidemment rabattables.

UNIVERSEL COMBI

Cette planche résume bien les multiples emplois et l'universalité du Combi VW, caractérisée par les nombreuses marques qui l'ont adopté...

À un fort joli nom, la Giulietta associait une ligne racée et des performances brillantes : de quoi faire sombrer le cœur des Italiens... et des autres !

ALFA ROMEO GIULIETTA SPRINT

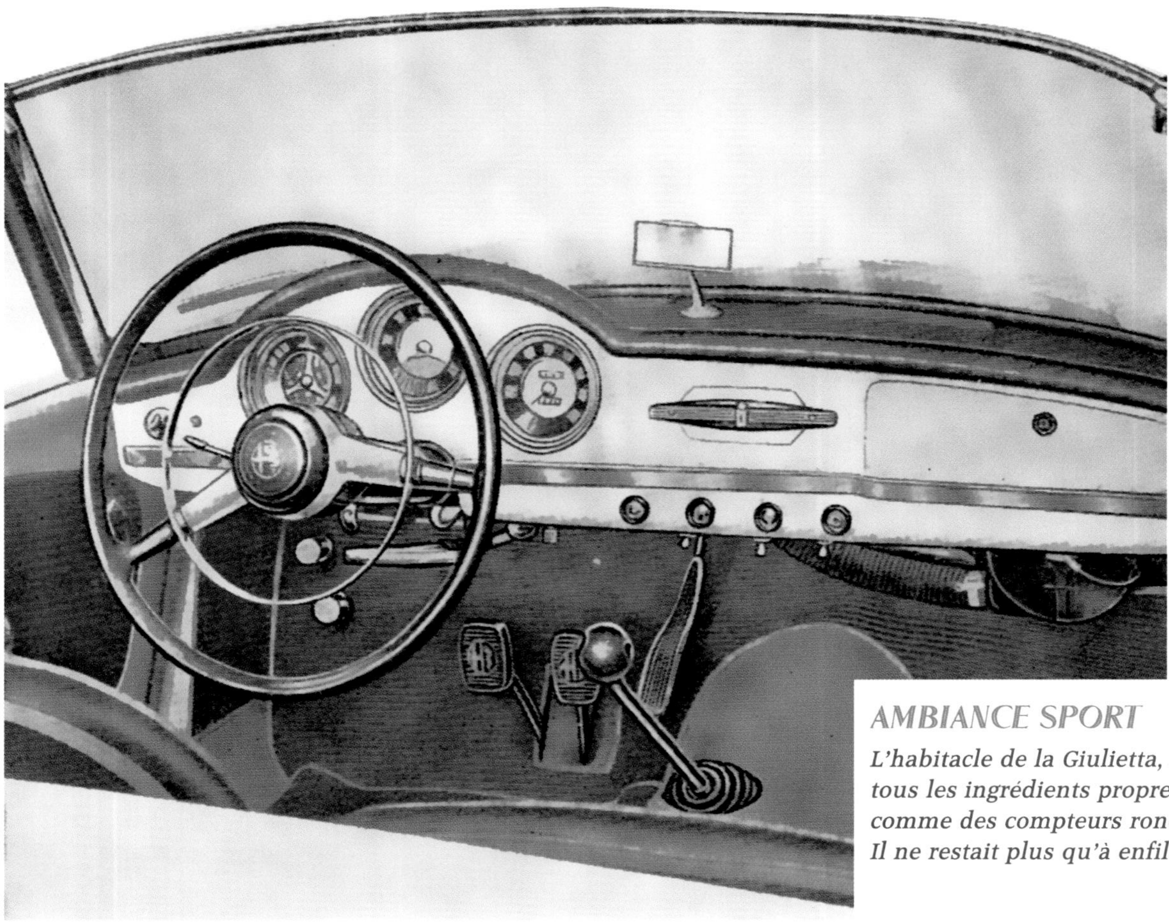

Tout comme certaines marques françaises traditionnelles telles Delahaye ou Talbot, Alfa Romeo aurait pu rater le virage de l'après-guerre. Mais la première étape du renouveau s'appellera Alfa 1900, présentée en 1950 : elle adopte un châssis-coque et un moteur moderne, double arbre à cames en tête, une marque de fabrique qui remonte aux années vingt. La seconde étape porte un joli nom : c'est la Giulietta, dévoilée au Salon de Turin 1954. La légende prétend qu'elle aurait été présentée en catastrophe comme prime d'un tirage au sort réservé aux souscripteurs d'un emprunt... Comme dans les « amants de Vérone », elle connaîtra un beau conte de fée, rencontrant un succès inespéré auprès d'une clientèle avide de style et de performances : comment ne pas résister à l'habitacle raffiné, à la ligne magistralement signée Bertone, compacte et

AMBIANCE SPORT

L'habitacle de la Giulietta, ici en version cabriolet, comportait tous les ingrédients propres à la sportive rageuse qu'elle était, comme des compteurs ronds et un levier de vitesses au plancher. Il ne restait plus qu'à enfiler les gants à trous...

GIULIETTA SPRINT

FICHE TECHNIQUE

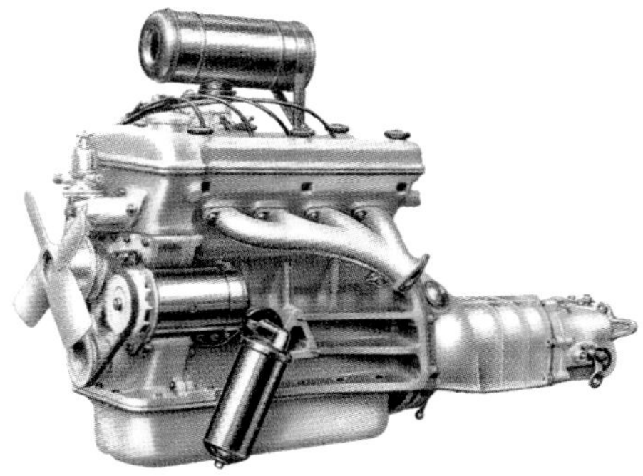

Moteur : avant 4 cylindres en ligne
Cylindrée : 1 290 cm^3
Puissance : 80 ch à 6 000 tr/min
Transmission : aux roues AR,
boîte 4 rapports + MA
Freins : tambours sur les quatre roues
Poids : 880 kg
Vitesse maximale : 165 km/h

MOUSTACHES

Sur la première version de la Giulietta Sprint, ses « moustaches » de calandre étaient à simple barre, remplacée en 1958 par une grille (ci-dessous).

racée, animée par un fougueux quatre cylindres 1300 qui emmène l'auto à plus de 160 km/h... La version Veloce, au nom qui claque comme un flash de radar, atteint 180 km/h. De quoi être le roi de la route, quand une Aronde plafonne à 120. Heureuse époque où la performance est encore un plaisir, avant d'être un délit. La Giulietta respire la joie de vivre, la dolce vita, si en vogue à l'époque. Elle marque le début d'une splendide lignée qui évoluera en Giulia et connaîtra de multiples variantes plus sportives encore. Avec la Giulia TZ (pour « Tubolare Zagato »), elle va trouver un véritable aboutissement qui raflera sur routes et circuits des moissons de lauriers.

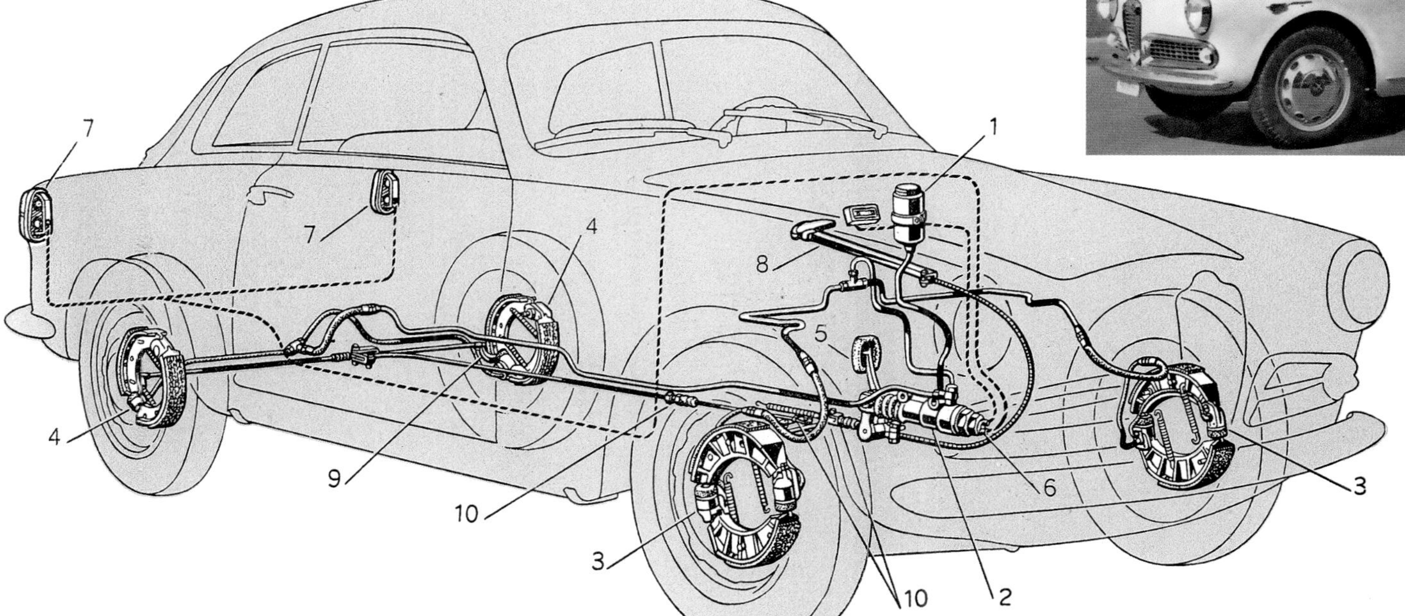

VIVE ET LÉGÈRE

Sur la Giulietta Sprint, les freins sont encore à tambours, ce qui est d'ailleurs suffisant pour arrêter dans de bonnes conditions les 900 kg de cette jolie sportive. Époque bénie où les voitures étaient encore légères...

Mini gabarit et porte ouvrant vers l'avant, l'Isetta offrait économie et allure sympathique. BMW en a fait un best-seller.

BMW ISETTA

PORTE AVANT

Avec sa porte avant, l'Isetta inaugurait une formule originale ! Elle sera une des plus vendues des microcars qui faisaient fureur dans les années cinquante.

BMW ISETTA

FICHE TECHNIQUE

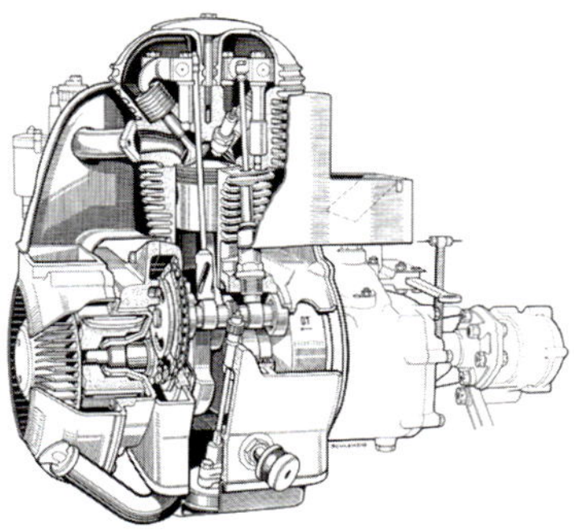

Moteur : arrière monocylindre
Cylindrée : 247 cm³
Puissance : 12 ch à 5 800 tr/min
Transmission : aux roues AR, boîte 4 rapports + MA
Freins : tambours sur les quatre roues
Poids : 580 kg
Vitesse maximale : 85 km/h

TROIS PLACES DE FRONT !

Un enfant pouvait même se caser entre deux grandes personnes ! Son excellent rapport qualité-prix et son économie d'utilisation assureront le succès de la petite allemande.

Avec sa porte s'ouvrant vers l'avant emmenant avec elle volant et tableau de bord, l'Isetta de BMW n'a pas manqué de surprendre le public allemand lors de sa présentation en mars 1955. Elle n'était pourtant pas la première à présenter cette particularité, puisque BMW avait acheté l'année précédente la licence de fabrication de cet étrange « pot de yaourt » à la marque italienne Iso. Soignant sa fabrication et l'équipant d'un moteur monocylindre dérivé de ses motos, BMW en a fait un best-seller. Les plaies laissées par la guerre commençaient à cicatriser et la vie retrouvait un parfum de joie de vivre, entraînant avec lui le désir de liberté. Compact, économique, ce « motocoupé » répondait parfaitement aux moyens des jeunes ménages souhaitant se motoriser. Sa simple banquette pouvait même accueillir un enfant en bas âge entre les deux parents ! Mais bien que la toiture soit pourvue d'un toit ouvrant de série, le chauffage était en option... Ce qui n'a pas empêché l'Isetta de traverser l'Atlantique et de se faire prendre en photo avec une des plus grandes stars du moment, Elvis Presley. D'autres ont aussitôt suivi et Cary Grant, Stirling Moss ou Curd Jürgens ont ainsi contribué ainsi à la notoriété de la petite allemande ! Épaulée par des versions plus puissantes, l'Isetta dominera les ventes des « motocars » très prisés en Allemagne, comme les Goggomobil ou Messerschmitt. Toutes versions confondues, elle terminera sa carrière en mai 1962, totalisant plus de 160 000 exemplaires : une performance, pour une voiture de cette catégorie !

VERSION FAMILIALE

À partir de l'année 1957, BMW proposa même une version 4 places, motorisée par un bicylindre de 582 cm3. Claustrophobes s'abstenir...

L'arrivée de la DS en 1955 fait l'effet d'une bombe : avant-gardiste par sa forme profilée, elle l'est aussi par sa technique peu ordinaire et ses qualités routières exceptionnelles. Elle connaîtra vingt ans d'une splendide carrière.

CITROËN DS

MILLE MILLES

La DS a eu l'occasion de participer à l'édition 1957 de la prestigieuse épreuve italienne des Mille Milles. Ce sera la dernière, car letragique accident de la Ferrari de De Portago mettra cette année-là un terme à cette course sur route.

Salon de l'auto 1955 : la foule se presse sur le stand Citroën, les flashes crépitent autour des barrières blanches... À nulle autre pareille, la DS offre sa forme étonnante, si peu semblable à ce que l'on croise dans la rue. Celle-ci est alors sillonnée de caisses plutôt carrées ou faisant le dos rond, comme les 203 ou Ford Vedette. Les Versailles ou les Aronde adoptent les ailerons venus d'Amérique, mais les voitures étrangères se font rares et l'on regarde avec convoitise les Jaguar ou Mercedes. L'aérodynamique n'a pas le vent en poupe et les dessins sont plutôt parallélépipédiques. Alors forcément, la DS surprend par sa ligne fuselée, son capot plongeant, son arrière court et effilé... Sans parler de sa technique osée, s'appuyant sur un système hydraulique complexe. Quelle surprise de la voir se lever, s'affaisser, jouer de la croupe au gré des soupirs du système hydraulique...
Au volant, sa conception lui assure un confort et une sûreté de conduite incomparables. Une vraie reine de la route. Elle en a d'ailleurs le prix : 940 000 F en 1956, contre 727 000 F pour la berline 403, 899 000 F pour

CEUX QUI L'ONT FAITE

Loin des voitures nées d'études marketing, la DS n'a vu le jour que par les idées et la volonté des hommes qui ont cru en elle. Pierre Boulanger, pour commencer, PDG de Citroën, puis Pierre Bercot. André Lefevre ensuite, à qui a été confiée la conception du projet : ancien de chez Voisin, il avait déjà exercé son talent sur la Traction. C'est à Paul Magès que l'on doit le système hydraulique, à Flaminio Bertoni l'extraordinaire ligne profilée et à Maurice Sainturat le moteur de la Traction retravaillé, un des rares points communs de la DS avec la Traction.

FICHE TECHNIQUE

DS 19 1957

Moteur : avant 4 cylindres en ligne
Cylindrée : 1 991 cm³
Puissance : 75 ch à 4 500 tr/min
Transmission : aux roues AR, boîte 4 rapports semi-automatiques + MA
Freins : disques à l'avant, tambours à l'arrière
Poids : 1 145 kg
Vitesse maximale : 145 km/h

la Versailles et 640 000 F pour l'Aronde Élysée. La Frégate Grand Pavois est plus chère, à 960 000 F, à cause d'une finition plus soignée. C'est là où blesse le bât de la DS : la qualité laisse à désirer. Plastique médiocre, pièces mal ajustées, la finition est loin des hauts de gamme automobiles, alors qu'on lui reproche un manque chronique de puissance.

Malgré ces défauts, il faut se rendre à l'évidence : qu'on l'aime ou pas, la DS est une machine exceptionnelle, produite par une poignée d'individus visionnaires. Au fil des ans, elle va perdre certains de ses défauts, gagnant en puissance, en fiabilité et en facilité d'utilisation. En 1967, elle s'adjuge des phares supplémentaires et pivotants et, en fin de carrière, les versions 23 à injection lui offrent enfin des performances dignes de son standing. Sans oublier les autres membres de la famille : l'ID, plus modeste, le break immense, les séduisants cabriolets et les versions de luxe, Pallas et Prestige, apporteront à l'étrange Citroën autant de différents visages. Loin de sa vocation première, elle se distinguera même sur les épreuves sportives en terrain difficile, comme l'East African Safari ou le Rallye de Monte-Carlo.

Et puis un jour il a fallu la remplacer. Après 1975 la CX, puis la XM, se sont évertuées à faire oublier celle dont elles étaient issues. Sans succès.

LA DS STAR

Au Salon 1955, une DS bicolore jaune clair et toit aubergine crée l'événement, avec sa forme extrêmement originale et sa technique hors du commun.

HYDRAULIQUE À TOUS LES ÉTAGES

Sorte de prototype sur roues, la DS inaugurait de nombreuses nouveautés, dont le fameux système hydraulique. Celui-ci, alimenté par une pompe haute pression, assurait véritablement le fonctionnement de la voiture, commandant via un circuit complexe la suspension, le freinage, l'embrayage, l'assistance de direction, le passage des vitesses... Système ingénieux, il avait pourtant de quoi perturber les habitudes des garagistes et les valves, tiroirs, tuyaux, joints et clapets constituaient autant de sources de fuites et de pannes. Passées les maladies de jeunesse subies par des clients-cobayes, le système a pourtant trouvé une certaine pérennité et une fiabilité de bon aloi. Il est vrai que ce dispositif apportait à l'auto des qualités routières hors du commun.

Sobre et robuste, la Peugeot 403 connaîtra pourtant une riche carrière, depuis l'une des plus célèbres séries télé américaines jusqu'aux pistes du continent africain.

PEUGEOT 403

POUR FAMILLES NOMBREUSES

Avant les monospaces, les familiales (qui ne s'appelaient pas encore breaks) pouvaient accueillir les familles nombreuses. Ses trois rangées de sièges faisaient de la 403 une des voitures les plus appréciées dans ce domaine. Avec la même carrosserie, la version commerciale ne comportait que deux rangées, privilégiant la surface de chargement pour les marchandises.

Pour certains, elle est le cabriolet de l'inspecteur Columbo. Pour d'autres, c'est la bonne à tout faire des pistes africaines ou la familiale des départs en vacances à moins que, peinte en noir, elle ne corresponde à l'image de quelque austère notable de province. Avec ses multiples visages, la sobre 403 est née du crayon d'un brillant dessinateur transalpin, Pininfarina, plutôt habitué aux carrosseries sportives qu'aux paisibles berlines. Sans trahir le sérieux de la marque de Sochaux, il a réussi une carrosserie tout à fait au goût du jour, répondant au style « ponton » adopté par la concurrence. En parallèle à la 203, qui continue d'exister, la 403 est présentée en avril 1955 au Palais de Chaillot et reçoit de la presse un accueil chaleureux. On loue l'habitacle lumineux, l'espace pour les passagers, l'équipement intérieur, alors que les qualités routières en font une voiture tenant parfaitement son rang dans la circulation des années cinquante. Autant de qualités qui expliquent le succès de cette sage automobile qui dépassera le million d'exemplaires vendus. Elle connaîtra évolutions et variantes, à commencer par l'élégant cabriolet, mais la familiale et ses trois rangées de sièges connaîtra son heure de gloire chez les familles nombreuses. Les utilitaires, pick-up et fourgonnette, rendront d'innombrables services aux artisans qui en appréciaient la robustesse. Une caractéristique qui a valu aussi à la 403 une carrière exceptionnelle dans les pays au climat difficile.

PEUGEOT 403

FICHE TECHNIQUE

403 8 CV

Moteur : avant 4 cylindres en ligne
Cylindrée : 1 468 cm^3
Puissance : 58 ch à 4 750 tr/min
Transmission : aux roues AR, boîte 4 rapports + MA
Freins : tambours sur les quatre roues
Poids : 1 025 kg
Vitesse maximale : 130 km/h

QUATRE PLACES AU SOLEIL

Immortalisé par la série télévisée « Columbo », le cabriolet 403 avait de quoi séduire, avec ses quatre vraies places, cheveux au vent. Ci-contre, les sièges agréables de la 403 8 CV, qui pouvait accueillir confortablement quatre personnes.

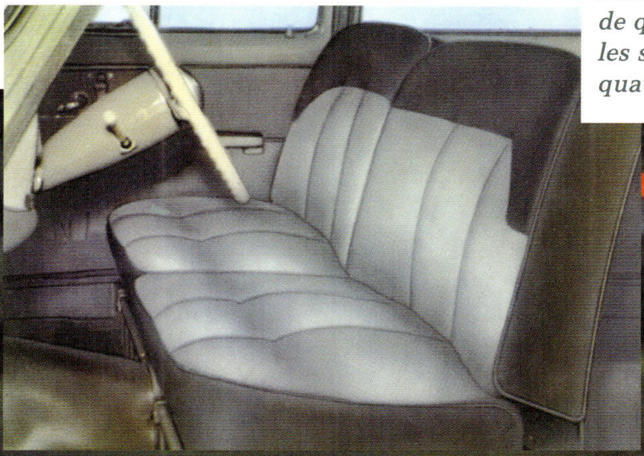

Dans la foulée de la 4 CV, la Dauphine offre une carrosserie plus spacieuse agrémentée de coloris variés. Elle révèlera aussi de vraies qualité sportives.

RENAULT DAUPHINE

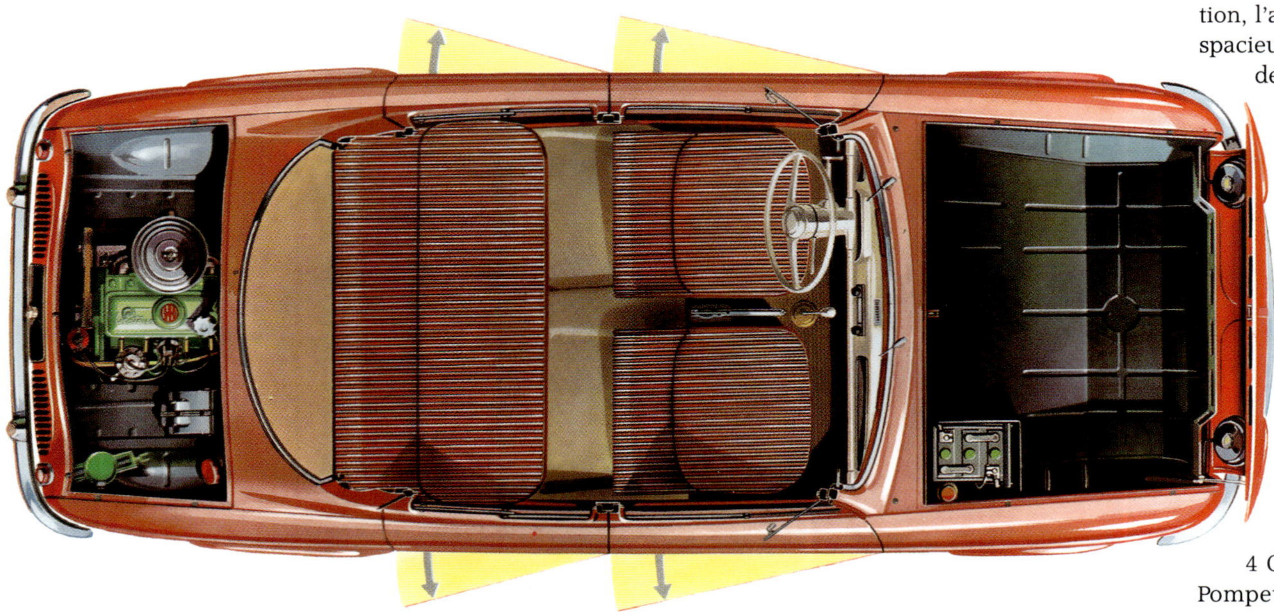

À L'ARRIÈRE TOUTE !

La Dauphine reprenait la conception de la 4 CV, qui avait fait ses preuves, en adoptant un moteur arrière. Vue d'en haut, la formule paraît séduisante. Dans la réalité, elle pose un problème de répartition de poids, peu favorable à la tenue de route, en offrant un coffre de dimension limitée.

Malgré son succès, la 4 CV de Renault a ses limites : après quelques années de production, l'absence d'une voiture moyenne plus spacieuse se fait sentir. Ce sera la Dauphine, dévoilée en mars 1956 au Palais de Chaillot, juste avant sa présentation publique au Salon de Genève. La nouvelle Renault séduit : son dessin discret et élégant profite de teintes gaies et variées, alors que l'habitacle bénéficie de coloris inédits. Rien d'étonnant, quand on sait que deux jeunes femmes ont activement participé à ces choix ! D'ailleurs, la Dauphine exercera tout au long de sa carrière un attrait particulier auprès de la clientèle féminine. Du point de vue technique, la nouvelle Renault reprend la recette inaugurée sur la 4 CV, avec son moteur situé à l'arrière. Pompeusement baptisé « Ventoux », il gagne un peu en puissance en conservant ses qualités de robustesse, mais n'est guère servi par une boîte trois vitesses à la première non synchronisée. Si la Dauphine se révèle très facile à conduire, il lui colle à la peau une réputation d'instabilite sur la route, combattue par le fameux • • •

RENAULT DAUPHINE

FICHE TECHNIQUE

DAUPHINE 1956

Moteur : arrière 4 cylindres en ligne
Cylindrée : 845 cm^3
Puissance : 30 ch à 5 000 tr/min
Transmission : aux roues AR, boîte 3 rapports + MA
Freins : tambours sur les quatre roues
Poids : 635 kg
Vitesse maximale : 115 km/h

COQUETTE !

Dès son lancement, la Dauphine a révélé une certaine coquetterie, proposant des coloris variés et d'harmonieux mariages de couleurs appréciés de la clientèle féminine. L'éclaté ci-dessous permet d'admirer la conception de la petite Renault.

DEUX MILLIONS D'EXEMPLAIRES

Le succès de la Dauphine a permis d'atteindre rapidement une confortable cadence de production. Dix ans après son lancement, plus de deux millions d'exemplaires seront sortis des chaînes, principalement de l'usine de Flins.

SUR LES ROUTES DES RALLYES

Malgré sa vocation tranquille de berline moyenne, la Dauphine révélera sur le terrain sportif de réelles qualités. Dans la foulée des 4 CV, les Dauphine engagées par le service compétition de François Landon ne tardent pas à se distinguer sur les épreuves sur routes, comme en témoigne une première victoire au Tour de Corse de novembre 1956, entre les mains de Gilbert Thirion et Nadège Ferrier. Ces succès inciteront Renault à concevoir une version résolument sportive, la fameuse 1093, produite à un peu plus de 2 000 exemplaires. Forte de ses 55 chevaux, elle fera merveille en rallye et, d'une certaine manière, peut être considérée comme l'ancêtre de la R8 Gordini...

mars 1956 — 1ère *Dauphine*

mars 1957 — 100.000 ème

octobre 1957 — 200.000 ème

OPTION RADIO

En option, la Dauphine pouvait être équipée d'une radio, comme ici. La forme du tableau de bord a peu évolué, entre la première et la dernière Dauphine.

• • • « sac de sable » à placer dans le coffre avant ! Sans doute justifiés en ligne droite par fort vent latéral, ces reproches sont peu fondés en virage. Même André Costa, l'essayeur tant redouté de L'Auto Journal, loue la maniabilité de la Dauphine : « Sa conduite ne pose aucun problème particulier, avoue-t-il en 1957. Pour un conducteur sportif, elle se révèle extrêmement attachante en raison de la précision et de l'aisance avec lesquelles il est possible d'évoluer sur route sinueuse... »

La Dauphine évoluera peu en carrosserie, mais connaîtra diverses évolutions techniques et de finition. Ainsi, un accord est trouvé en octobre 1957 avec le « sorcier » Amédée Gordini, qui apporte à la version qui porte son nom quelques chevaux supplémentaires et lui accole une boîte quatre vitesses. De son côté l'Ondine bénéficie d'une finition plus luxueuse et de teintes chatoyantes alors qu'une version automatique est même proposée en 1964. La Dauphine résiste à l'arrivée de la Renault 4 en 1961, puis de la Renault 8 l'année suivante et, quand elle s'éteint en 1967, plus de deux millions d'exemplaires seront sortis des chaînes.

LE DÉSASTRE AMÉRICAIN

Dès le lancement de la Dauphine, la Régie Renault nourrit d'ambitieux projets de développement aux États-Unis. Un réseau de distributeurs est constitué, un luxueux magasin d'exposition est inauguré à New York et une version « américanisée » de la Dauphine est prête en juin 1957. L'accueil du public américain est encourageant, séduit par le « chic parisien ». Les dirigeants de Renault s'emballent, et la Dauphine traverse l'Atlantique par navires entiers. Las ! Le succès des débuts fait long feu et l'inadaptation de la petite française au marché américain se traduit par une chute rapide des ventes, les voitures s'entassant sur les parcs à ciel ouvert. Cette aventure aura des conséquences dramatiques, menant à des réduction de personnel dans les usines françaises. La Régie en gardera un souvenir amère, qui la rendra très prudente vis-à-vis du marché américain...

Une allure sympathique, des performances intéressantes et un prix raisonnable : il n'en fallait pas plus pour propulser la TR3 dans le peloton de tête des petites sportives anglaises.

TRIUMPH TR3

SENSATIONS GRISANTES

Ligne originale, moteur viril, la Triumph TR3 constituait une alternative intéressante aux plus coûteuses Jaguar XK. Assis au ras du sol, coude à la portière, ses occupants goûtaient des sensations dignes de voitures beaucoup plus puissantes. Un vrai « sportscar » à l'anglaise !

Ce n'est pas une italienne, mais bien une Triumph TR3 qui accompagne Marcello Mastroianni dans ses frasques de La dolce vita... Avec ses petites portes échancrées, son allure impertinente et le grondement sourd de son robuste quatre-cylindres, la TR3 symbolise merveilleusement le « roadster » anglais. Conçue en un temps record pour attirer les amateurs n'ayant pas les moyens d'acquérir une Jaguar XK 120 et peu

TRIUMPH TR3

FICHE TECHNIQUE

Moteur : avant 4 cylindres en ligne
Cylindrée : 1 991 cm^3
Puissance : 100 ch à 5 000 tr/min
Transmission : aux roues AR, boîte 4 rapports + MA
Freins : tambours sur les quatre roues
Poids : 915 kg
Vitesse maximale : 175 km/h

attirés par une MG TD vieillissante, la Triumph Sports est présentée au Salon de Londres 1952. Elle manque de mise au point et il faut attendre le Salon de Genève de

l'année suivante pour découvrir la version définitive, baptisée TR2. Triumph décide de frapper un grand coup et emmène sa nouvelle auto en Belgique, sur l'autoroute reliant Ostende à Jabbeke. Équipée de carénages améliorant son profilage, la petite Triumph dépasse les 200 km/h ! C'est le début d'un énorme succès : portée par un excellent rapport qualité/prix et de beaux résultats en compétition, la réputation du séduisant roadster va largement dépasser les frontières britanniques et 90 % de la production sera exportée, en bonne partie aux États-Unis. Spartiate (le chauffage est en option !), robuste et performante, la TR2 va évoluer en TR3 puis TR3A, connaissant de discrètes améliorations esthétiques et techniques. Elle sera tout de même la première voiture anglaise de série à recevoir des freins à disques à l'avant, en 1956, coiffant Jaguar au poteau ! En 1961, elle s'efface derrière la TR4, qui poursuivra la glorieuse lignée des Triumph TR.

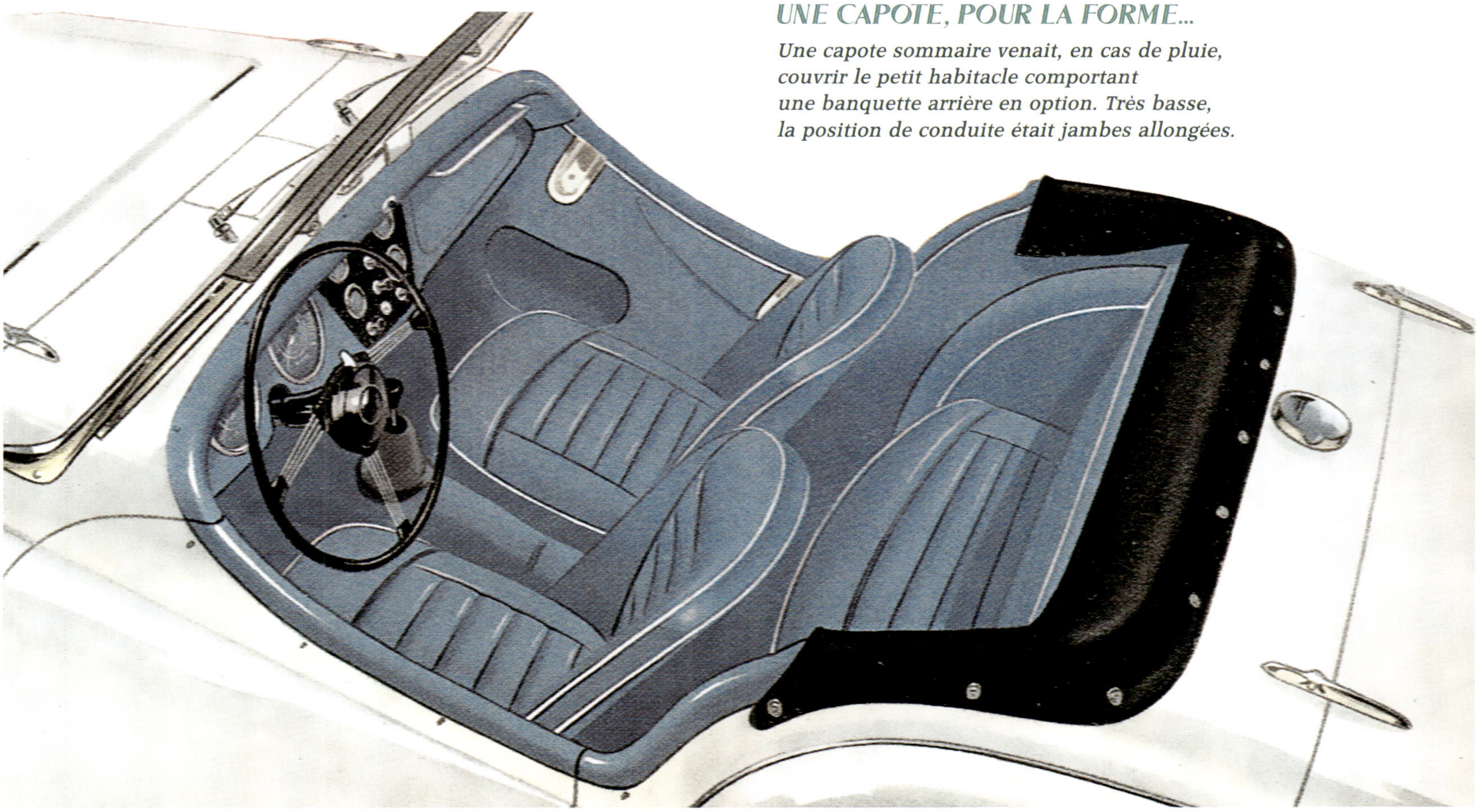

UNE CAPOTE, POUR LA FORME...

Une capote sommaire venait, en cas de pluie, couvrir le petit habitacle comportant une banquette arrière en option. Très basse, la position de conduite était jambes allongées.

Adaptée aux rues étroites des villes italiennes, la Fiat 500 se révèle une merveilleuse citadine. Son succès va s'étendre largement au-delà des frontières, tout en s'enrichissant de séduisants dérivés.

FIAT 500

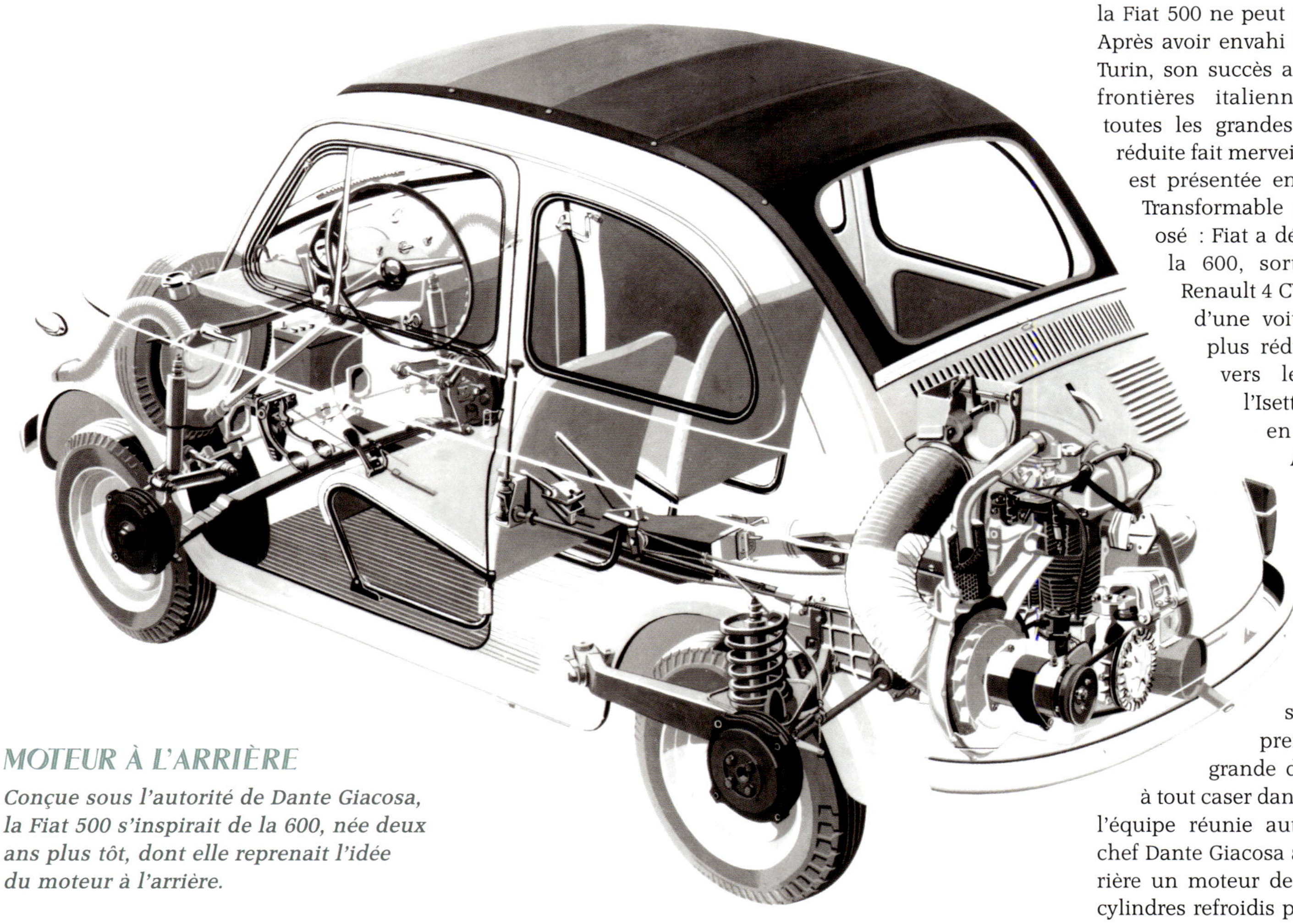

MOTEUR À L'ARRIÈRE

Conçue sous l'autorité de Dante Giacosa, la Fiat 500 s'inspirait de la 600, née deux ans plus tôt, dont elle reprenait l'idée du moteur à l'arrière.

Avec sa bonne « bouille » tout en rondeurs, la Fiat 500 ne peut qu'attirer la sympathie. Après avoir envahi les rues de Rome et de Turin, son succès a largement dépassé les frontières italiennes, s'insinuant dans toutes les grandes capitales où sa taille réduite fait merveille. Pourtant, lorsqu'elle est présentée en 1957, la « Nuova 500 Transformable » peut paraître un pari osé : Fiat a déjà sa « petite » voiture, la 600, sorte d'équivalent de la Renault 4 CV. Et les clients désireux d'une voiture de gabarit encore plus réduit peuvent se tourner vers les microcars comme l'Isetta ou la Vespa 400, assez en vogue après-guerre. Avec sa nouvelle 500, Fiat remplace l'ancienne 500 Topolino stricte deux-places économique très appréciée des Italiens. Avec moins de 3 mètres de long, la Fiat 500 s'annonce comme la première mini-voiture de grande diffusion. Pour parvenir à tout caser dans une si faible longueur, l'équipe réunie autour de l'ingénieur en chef Dante Giacosa a choisi de placer à l'arrière un moteur de gabarit réduit, à deux cylindres refroidis par air. Tant pis pour les

FIAT 500

FICHE TECHNIQUE

Moteur : Moteur arrière 2 cylindres en ligne, refroidissement par air
Cylindrée : 499 cm^3
Puissance : 22 ch à 4 400 tr/min
Transmission : aux roues AR, boîte 4 rapports + MA
Freins : tambours sur les quatre roues
Poids : 500 kg
Vitesse maximale : 95 km/h

UN SIMPLE COMPTEUR

L'habitacle était assez sommaire et le tableau de bord se contentait d'un simple compteur contenant les indications indispensables.

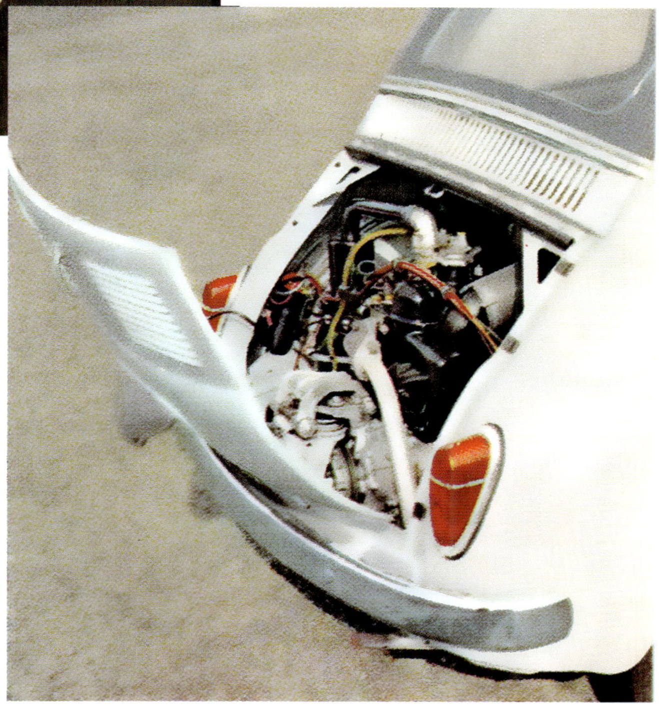

bagages, la puce sera principalement urbaine faisant la joie des citadins !
Née avec un toit ouvrant et une mécanique un tantinet poussive de 13 chevaux, la Fiat 500 va évoluer tout au long d'une carrière d'une quinzaine d'années. Son moteur gagne un peu de puissance, jusqu'à 22 chevaux, et les aménagements se modernisent. Elle finit même par perdre ses portes « suicide », s'ouvrant dans le « mauvais » sens, alors que la version L (pour « luxe ») s'enrichit de chromes et accessoires divers. Ses performances restent certes en retrait de celles de concurrentes comme l'Austin Mini ou la NSU Prinz, mais en ville elle n'a guère d'équivalent pour se garer dans un mouchoir de poche.
De plus, pour satisfaire tous les goûts de sa clientèle, la petite Fiat s'enrichit d'un break au joli nom de Giardiniera, offrant une belle surface de chargement.

REFROIDIE PAR AIR

Le petit bicylindre vertical était refroidi par air, solution intéressante pour l'utilisateur qui n'avait pas à se soucier de vérifier le niveau d'eau dans le radiateur, à une époque où les voitures avaient encore assez facilement tendance à chauffer.

PORTES SUICIDE

Au cours de près de 20 ans de carrière, la Fiat 500 va peu changer dans sa forme générale. Principale modification esthétique, les portes « suicide » seront remplacées en 1965 par des portes ouvrant dans le bon sens.

ABARTH : LA BOMBE

Le « sorcier » italien Carlo Abarth ne va pas tarder à s'attaquer à la petite Fiat. Et il parviendra à obtenir du moteur bicylindre une puissance inespérée, transformant le pot de yaourt en véritable bombe. De quoi faire tourner la crème ! À base d'augmentation de cylindrée, d'alimentation musclée et d'échappement travaillé, les 595, 595 SS, 695, 695 SS vont pourvoir se distinguer sur les circuits. Mais Abarth n'est pas le seul à s'être penché sur la petite Fiat : en Autriche, Steyr-Puch sort aussi sa version musclée. Les 43 chevaux de la 650 TR à moteur flat-twin ont de quoi en imposer à des voitures de catégorie supérieure, en allant chatouiller les 140 km/h !

Pour l'aménager, il a fallu modifier la position du moteur qui se retrouve incliné sous le plancher. Et à travers sa filiale Autobianchi fraîchement acquise, Fiat lance d'autres dérivés sur la base de la 500, offrant une ligne et un équipement plus élégants et raffinés : la Bianchina rencontrera un beau succès. Sa diffusion en France devra beaucoup à André Chardonnet, qui baptisera les différentes carrosseries de ses propres appellations : cabriolet Eden Roc, break Texane, coach Lutèce.

En-dehors de Fiat, nombreux sont les artisans et carrossiers qui vont jeter leur dévolu sur la petite turinoise : dès le salon de Turin 1957, Ghia présente sa « Jolly » de plage, dont il a coupé le toit, fait disparaître les portes et qui a équipé le tout de sièges en osier ! Vignale proposera plus tard sa Gamine, dans le plus pur style rétro, alors que Ferves se lancera dans le tous-chemins avec un minuscule 4x4, le Ranger...

La Fiat 500 va résister à l'apparition de sa remplaçante, la 126, en 1972. Elle connaît en Italie un sursis de trois ans, disparaissant définitivement en 1975, forte d'une production de 3,6 millions d'exemplaires.

SOUS LE SOLEIL DE L'ITALIE

La Fiat 500 se voulait économique et robuste, tout en offrant de la place pour deux adultes et deux enfants. Elle avait l'avantage de le faire sous un toit découvrable : sous le soleil de l'Italie, on ne pouvait en attendre moins ! Une version à toit fixe sera disponible par la suite.

Petit gabarit et moteur deux-temps, la Vespa 400 s'engage sur la vague des microcars, en vogue dans les années cinquante. Elle offre des performances dignes de concurrentes plus étoffées.

VESPA 400

Le projet est né en Italie, chez Piaggio, alors leader dans la fabrication de scooters avec le fameux Vespa. Pourtant, sous la pression de Fiat qui ne voit pas d'un bon œil une concurrente potentielle de ses Topolino et de sa future 500, c'est en France que va prendre forme la Vespa 400. Précisément chez ACMA, alors fabriquant sous licence des scooters italiens. La première présentation a lieu en septembre 1957, avec trois exemplaires de pré-série pour lesquels on a fait venir des stars du volant : Jean Behra, Louis Chiron et Juan-Manuel Fangio... Quelques mois plus tard, la Vespa 400 trône au Salon de Paris où elle vient marcher sur les plates-bandes de la 2 CV Citroën et de la 4 CV Renault. Moins chère, elle joue la carte de la séduction avec une allure sympathique, des couleurs vives, un toit ouvrant et des performances nouvelles et surprenantes. Plus nerveuse que la 2 CV, elle offre un gabarit idéal pour la ville

PETITE MAIS FOURNIE
Sa taille minuscule n'empêcha pas la Vespa 400 de recevoir u vraie planche de bord, compor commandes et indicateurs nécessaires.

VESPA 400

FICHE TECHNIQUE

Moteur : arrière 2 cylindres en ligne deux-temps, refroidissement par air
Cylindrée : 393 cm³
Puissance : 14 ch à 4 350 tr/min
Transmission : aux roues AR, boîte 3 rapports + MA
Freins : tambours sur les quatre roues
Poids : 370 kg
Vitesse maximale : 90 km/h

et permet de se garer dans un mouchoir de poche. Des qualités appréciées de la clientèle féminine ! Côté technique, on ne s'étonnera pas des choix proches du scooter, avec un moteur deux-temps refroidi par air. Il se révèlera robuste, mais en imposant un système un peu laborieux de mélange d'huile de graissage à l'essence, qui ne s'automatisera qu'avec les versions 400 GT.
L'offre automobile de plus en plus variée, ainsi que l'augmentation des revenus et de la taille des familles, vont toutefois signer le glas de ce type de microcar. En 1961 sortent les dernières Vespa 400, après une production d'environ 28 000 exemplaires.

DEUX-TEMPS

Le moteur deux-temps était issu de la technique du scooter, familière de la marque Acma qui produisait la Vespa 400.

ARMATURE TUBULAIRE

Les sièges étaient réduits à leur plus simple expression, celui du passager dissimulant la roue de secours.

TROIS PLACES

Dans un encombrement réduit, la Vespa 400 annonçait trois grandes places, la troisième occupant la banquette arrière.

Avec la DB4, Aston Martin pose la première pierre d'une lignée aussi belle que performante et raffinée. À tel point que James Bond adoptera le modèle DB5...

ASTON MARTIN DB4

Avec l'Aston Martin DB4 présentée au Salon de Londres 1958, les Anglais prennent les Italiens à leur propre jeu, réalisant une des plus belle « grand tourisme » des années cinquante.
Rien d'étonnant, puisque le carrossier vers lequel s'est tournée la marque britannique est le Milanais Touring. Bien que conservant un air de famille avec la DB MKIII qui la précède, la DB4 offre une silhouette plus allongée, fluide et douce qui restera l'apanage d'Aston jusqu'à la DB6. À cette élégance s'ajoutent de brillantes performances : l'ingénieur Tadek Marek a développé le six cylindres à double arbre à cames en tête hérité de Lagonda, en obtenant 240 chevaux qui emmènent l'auto à plus de 225 km/h.
À l'époque, il faut se tourner vers Ferrari ou Jaguar pour trouver l'équivalent... Mais en plus, la DB4 offre un rare degré de raffinement, à commencer par sa conception : Touring lui applique sa technique de fabrication « superleggera », constituée d'un treillis tubulaire accueillant les panneaux de carrosserie en aluminium.
La finition est soignée, l'habitacle tendu de cuir et le tableau de bord richement équipé. David Brown, patron de l'usine qui a donné ses initiales à ses modèles, a réussi un coup de maître, qu'il fera évoluer progressivement sans en bouleverser les atouts. Ainsi, la DB4 connaîtra une version plus puissante, la Vantage, alors que les gentlemen-drivers pourront se tourner vers

TABLEAU DE BORD RAFFINÉ
La DB4 était une sportive de grande classe, bénéficiant d'un équipement très complet. La forme du tableau de bord, abondamment fourni, rappelait celle de la calandre.

ASTON MARTIN DB4

FICHE TECHNIQUE

Moteur : avant 6 cylindres en ligne
Cylindrée : 3 670 cm^3
Puissance : 240 ch à 5 500 tr/min
Transmission : aux roues AR, boîte 4 rapports + overdrive en option + MA
Freins : tambours sur les quatre roues
Poids : 1 308 kg
Vitesse maximale : 225 km/h

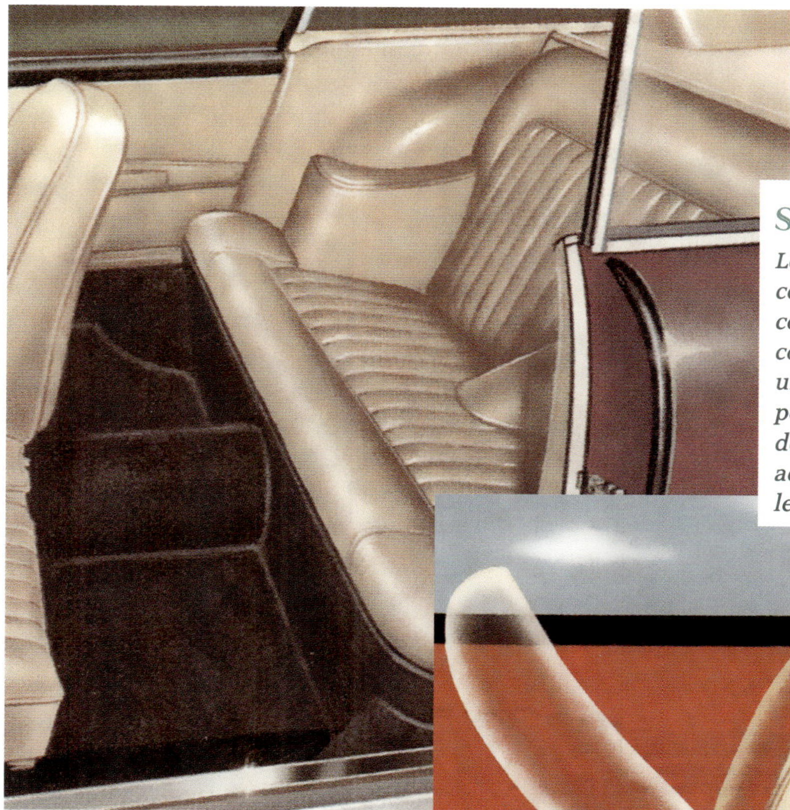

SIÈGES-COUCHETTES

Le coupé DB4 était considéré comme 2 + 2, c'est-à-dire comportant, en plus des deux confortables places avant, une petite banquette arrière pouvant accueillir deux personnes de (très) petite taille. On y avait accès en inclinant vers l'avant les sièges-couchettes.

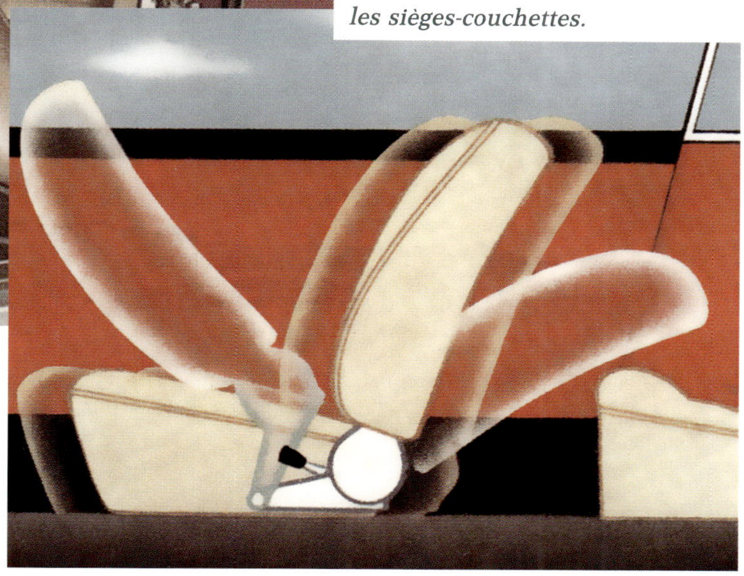

la DB4 GT, beaucoup plus radicale. En 1963 leur succédera la DB5, qui sera adoptée par James Bond ! Le héros contribuera ainsi à rendre les DB éternelles...

SUPERLEGGERA TOURING

La technique de fabrication de la carrosserie, dite « superleggera » mise au point par le carrossier italien Touring, employait un treillis tubulaire combiné avec des panneaux de carrosserie en aluminium.

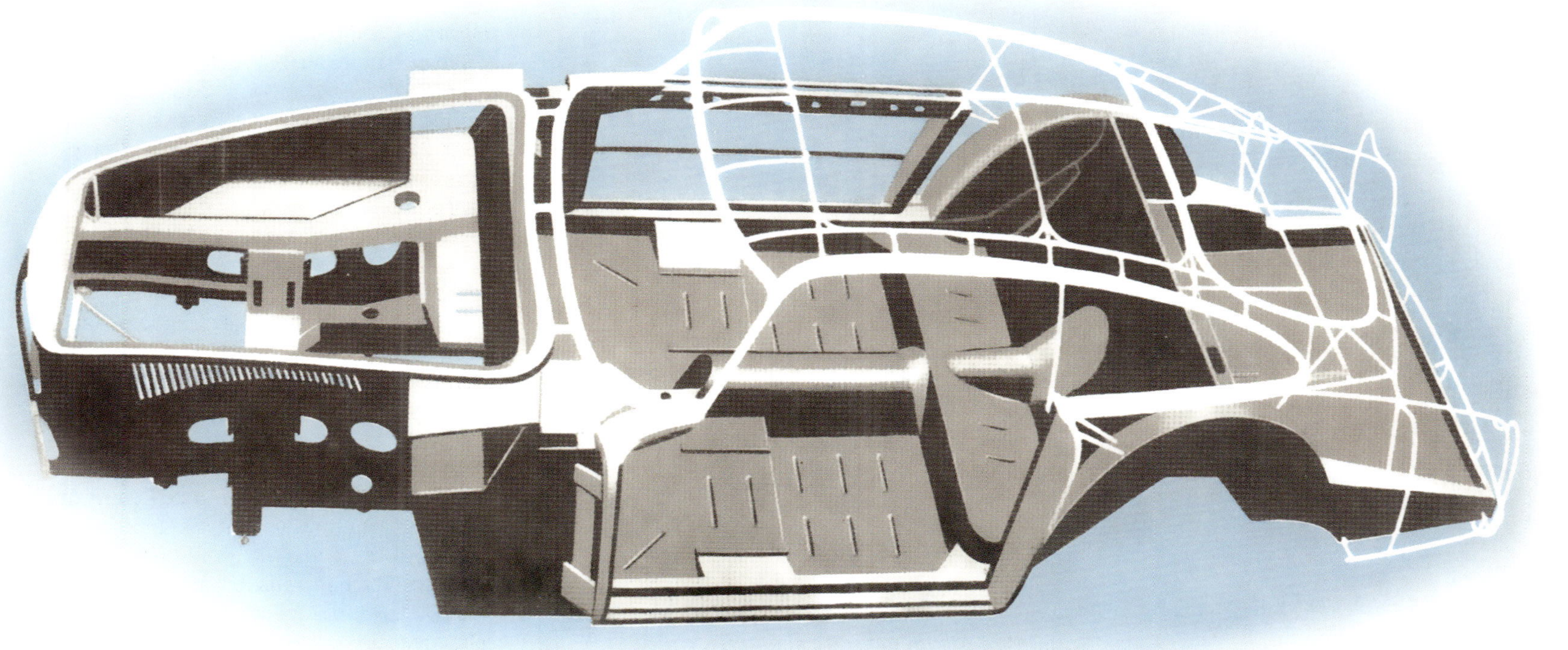

Alors que les marques françaises de luxe sont moribondes, Jean Daninos lance en 1954 la Facel Véga. Au firmament des automobiles, elle va briller d'une lumière éclatante, mais aussi brève que le passage d'une comète...

FACEL VÉGA HK500

LA PLUS RAPIDE DES FRANÇAISES

Bénéficiant d'un volumineux moteur Chrysler, la Facel HK 500 était la plus puissante voiture française de tourisme et dépassait allègrement les 200 km/h, performance très rare à l'époque.

En 1950, que reste-t-il des marques françaises de luxe comme Delahaye, Hotchkiss ou Talbot ? Plus grand-chose... Un industriel décide cependant de relever le défi et de relancer en France une voiture de haut de gamme. Pour y parvenir, Jean Daninos va s'appuyer sur ses « Forges et Ateliers de construction d'Eure-et-Loir » (Facel). Après quelques expériences pour d'autres constructeurs, comme la Bentley Cresta ou la Ford Comète, il se lance dans la conception d'une voiture de son cru. Il trouve chez Chrysler un moteur puissant et présente en juillet 1954 la Facel Véga. C'est son frère, Pierre Daninos, auteur des Carnets du Major Thompson, qui lui a soufflé le nom du brillant astre. Luxueuse et rapide, la voiture frôle les 200 km/h. Au fil des ans, elle va gagner en puissance tout en bénéficiant d'une finition exceptionnelle. Bien avant la banalisation des « options », les clients peuvent personnaliser leur auto, entre les choix de teintes, d'aménagements (glaces teintées, radio, direction assistée, toit ouvrant... Et suite à la commande d'une planche de bord en imitation ronce de noyer, est mise au point une technique qui

FACEL VÉGA HK500

FICHE TECHNIQUE

Moteur : avant 8 cylindres en V d'origine Chrysler
Cylindrée : 5 907 cm^3
Puissance : 360 ch à 5 200 tr/min
Transmission : aux roues AR, boîte 4 rapports + MA
Freins : tambours sur les quatre roues
Poids : 1 660 kg
Vitesse maximale : 230 km/h

va caractériser les Facel : la tôle peinte imitation bois... En 1958, le modèle trouve sa vitesse de croisière avec l'HK 500, qui peut dépasser 230 km/h. Des noms célèbres l'adoptent, comme les acteurs Ava Gardner et Jean Marais, ou les pilotes Stirling Moss et Maurice Trintignant. En 1961, l'HK 500 est remplacée par la Facel II, apogée de la lignée, une des plus belles voitures françaises d'après-guerre et, à l'époque, la « quatre-places la plus rapide du monde ». Avec la fermeture de l'usine, en 1964, s'éteint le dernier astre français...

PEINT À LA MAIN

L'habitacle de la Facel HK 500 était traité de façon luxueuse. Le tableau de bord, extrêmement complet, était en tôle peinte, de façon à imiter la ronce de noyer, selon une technique mise au point par le chef-peintre Marcel Bigot.

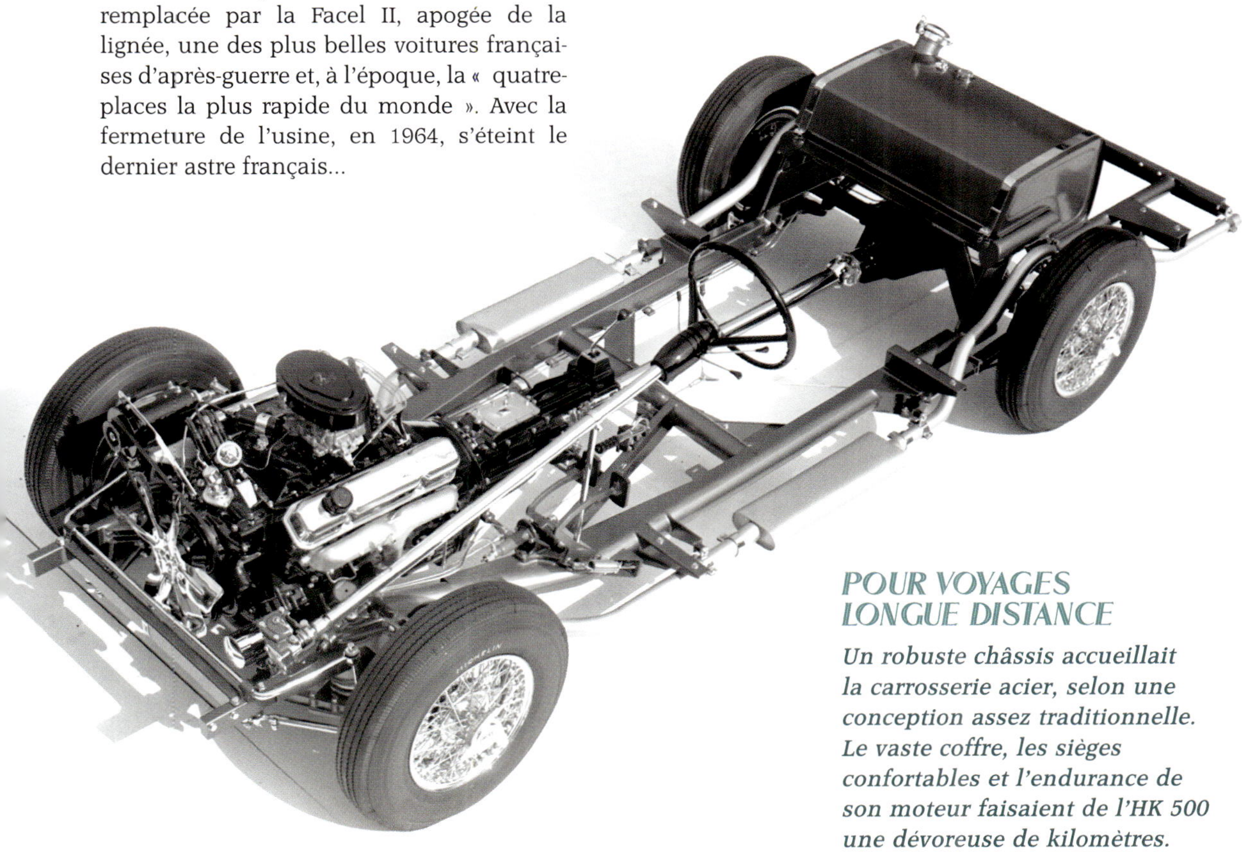

POUR VOYAGES LONGUE DISTANCE

Un robuste châssis accueillait la carrosserie acier, selon une conception assez traditionnelle. Le vaste coffre, les sièges confortables et l'endurance de son moteur faisaient de l'HK 500 une dévoreuse de kilomètres.

Conçue par le génial Alec Issigonis, la Mini a connu une carrière exceptionnellement longue, de 1959 à 2000. Grâce à un pouvoir de séduction hors du commun...

AUSTIN ET MORRIS MINI

ELLES L'ONT TANT AIMÉE...

Par sa forme et son encombrement urbain, la Mini plaisait à la clientèle féminine. Remarquez la plaque d'immatriculation qui bascule vers le bas, permettant de rouler coffre ouvert pour transporter des objets encombrants.

« Mini-moke et mini jupes, tout est mini dans notre vie »... En 1966, Jacques Dutronc chante la jupe sexy lancée quatre ans plus tôt par Mary Quant. Dans la foulée de l'Austin Mini ? Car la petite anglaise fait sa première apparition publique en été 1959, suite à des circonstances plus dramatiques qu'euphoriques. C'est en effet la crise de Suez et le rationnement de l'essence, trois ans plus tôt, qui décident Leonard Lord, patron de la British Motors Corporation, à lancer un modèle économique. Il confie le projet à un jeune ingénieur d'origine grecque, Alec Issigonis, qui a déjà fait ses preuves en concevant un best-seller, la Morris Minor de 1948. Fort de cette expérience, il va consacrer toute son ingéniosité au projet ADO 15 (Austin Drawing Office n°15). Tous les moyens sont bons pour gagner de la place. Soucieux de regrouper tous les organes mécaniques, il choisit la traction avant et son coup de génie est de placer le moteur en position transversale, au lieu de longitudinale comme alors. Manquant de largeur pour caser la boîte de vitesse, il la place sous le moteur. Il dispose les petites roues aux quatre coins d'une caisse de taille réduite et adopte une suspension composée d'éléments en caoutchouc très peu encombrants. Ces choix techniques permettent de dégager un habitacle spacieux et confortable : la Mini est née capable de transporter quatre personnes

AUSTIN ET MORRIS MINI

FICHE TECHNIQUE

MINI 1000

Moteur : avant 4 cylindres en ligne
Cylindrée : 998 cm^3
Puissance : 38 ch à 4 500 tr/min
Transmission : aux roues AV, boîte 4 rapports + MA
Freins : tambours sur les quatre roues
Poids : 630 kg
Vitesse maximale : 130 km/h

pour une longueur d'à peine plus de trois mètres ! Les premiers prototypes roulent en octobre 1957. Propulsée par le moteur largement éprouvé de l'Austin A 35, ADO 15 révèle d'excellentes qualités routières, avec une tenue de route largement supérieure aux standards de l'époque.

LA GÉNIALE IDÉE DU MOTEUR TRANSVERSAL

L'idée de génie d'Alec Issigonis est d'avoir disposé le moteur transversalement à l'avant, ce qui permettait un gain de place important par rapport aux solutions traditionnelles. Quatre personnes logeaient ainsi dans trois mètres de long.

RIEN DE SUPERFLU

L'intérieur et la planche de bord sont toujours restés sommaires, mais sur cette version le bloc de compteurs comporte deux manomètres de pression d'huile et température d'eau.

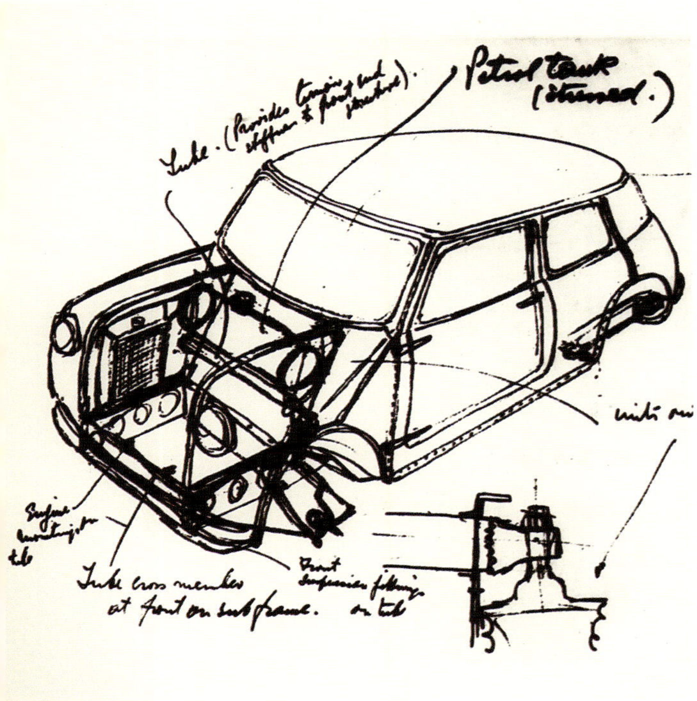

LA SIGNATURE D'ALEC ISSIGONIS

Sur ce dessin de la main d'Alec Issigonis, la Mini prend forme. Ici, il imagine un réservoir d'essence à l'avant au-dessus du moteur, solution qui ne sera finalement pas retenue. Ci-dessous, le très apprécié break Traveller ou Countryman, avec son armature en bois du plus bel effet !

MINI COOPER S : UNE MOISSON DE VICTOIRES

Le succès de la version Cooper, née en 1961, va faire réfléchir le service compétition de BMC. Une version encore plus poussée est étudiée : la Cooper S, une vraie bombe que ses 77 chevaux, pour les versions les plus puissantes, propulsent à plus de 160 km/h ! En gardant son exceptionnelle tenue de route... Si bien qu'elle va faire des merveilles en compétition, surtout sur route dont elle déjoue les pièges.
Née en 1963, elle remporte l'année suivante le rallye de Monte-Carlo, pilotée par Paddy Hopkirk. Les bolides rouge à toit blanc récidivent en 1965 et, en 1966, décrochent les trois premières places. Las ! Une disqualification controversée, pour phares non conformes, lui retire la victoire. Elle prend sa revanche l'année suivante, sans oublier des centaines de victoires lors d'autres épreuves prestigieuses comme le Rallye des mille lacs, la Coupe des Alpes ou le RAC... Produite à environ 27 000 exemplaires la Cooper S est aujourd'hui le modèle le plus recherché des amateurs.

AUSTIN ET MORRIS MINI

MINI ÉCO

Sa taille et son poids limités faisaient de la Mini une voiture économique ne passant pas trop souvent à la pompe. Bien conçue, correspondant aux besoins du moment et de personnalité attrayante, elle va trouver plusieurs millions d'acheteurs au cours de 40 ans de carrière.

Le lancement en 1959 se fera sous deux marques du groupe, Austin et Morris, sous le noms respectivement de Seven et Mini Minor, qui ne diffèrent que par des détails de présentation.

L'accueil est d'abord timide et, à la surprise de ses concepteurs, ce ne sont pas les petits budgets que la voiture va d'emblée séduire. Dès sa naissance, un phénomène de mode va lui attirer les faveurs d'une clientèle citadine qui apprécie son encombrement limité, sa vivacité et son esthétique moderne et amusante. Son achat par Lord Snowdown, époux de la princesse Margaret et qui la fera essayer à la reine, scellera définitivement le succès de la petite auto. À partir de là, la Mini va se décliner en multiples versions, voire sous d'autres marques de BMC : les Riley Elf ou Wolseley Hornet bénéficient d'une finition luxueuse à base de bois et de cuir, alors que la Mini va se faire utilitaire avec le van tôlé, puis les breaks Countryman ou Traveller, très chics avec leur armature en bois.

Elle devient même sportive, quand John Cooper se penche sur son sort et propose une version musclée. La Mini Cooper rencontrera d'emblée un franc succès, qui débouchera sur la Cooper S. La Mini survivra au démantèlement de BMC et à l'arrivée de l'Austin Metro, connaissant divers rebondissements jusqu'en 2000 où le dernier des quelque 5,3 millions d'exemplaires sortira des chaînes. Sans doute pour mieux renaître en 2001, avec la Mini One de BMW...

Porté par la santé économique du pays et les conquêtes du progrès, le style des voitures américaines des années cinquante est porteur de tous les excès. La gamme 1959 de Cadillac en est le véritable symbole.

CADILLAC ELDORADO 1959

RICTUS CONQUÉRANT

En 1959, Cadillac ne déroge pas à la règle américaine du rictus conquérant. Une large grille de calandre, du chrome à tous les étages, d'imposants pare-chocs intégrant les volumineux feux de signalisation, rien n'est trop beau pour imposer son statut.

CADILLAC ELDORADO 1959

FICHE TECHNIQUE

Moteur : avant 8 cylindres en V
Cylindrée : 6 384 cm^3
Puissance : 345 ch à 5 000 tr/min
Transmission : aux roues AR, boîte automatique 4 rapports + MA
Freins : tambours sur les quatre roues
Poids : 2 340 kg
Vitesse maximale : 200 km/h

TOUT ÉLECTRIQUE

Alors que l'Europe en est encore aux manivelles, cette Cadillac offre déjà une commande électrique pour les vitres, mais aussi les déflecteurs et les réglages de sièges.

Au lendemain de la Seconde Guerre mondiale, l'Amérique conquérante affiche un indestructible optimisme, porté par les bienfaits du progrès et symbolisé par « l'american way of life ». L'industrie automobile bat son plein et le public a soif de nouveautés. Dès 1949, l'équipe de stylistes de la General Motors, sous la direction de Harley Earl, lance pour Cadillac une ligne complètement nouvelle, dont l'amorce d'ailerons arrière est directement inspirée de l'aviation. Parallèlement, les calandres se chargent de chrome et les butoirs se font plus proéminents, alors que la Series 62 adopte un V8 moderne à soupapes en tête. Dès lors, cette tendance stylistique ne va que se confirmer. En 1954, les obus de pare-chocs ont pris d'impressionnantes dimensions alors que, l'année précédente, Cadillac lançait son premier cabriolet Eldorado, véritable dream-car de série. La puissance des moteurs augmente et Cadillac s'installe en tête des marques américaines de luxe, devant Packard et Lincoln. Pourtant, les stylistes souhaitent après ces excès revenir à un dessin épuré et les projets présentés pour 1959 apparaissent plus sobres. Mais la levée de bouclier des services commerciaux apporte le retour des ailerons, qui trouvent là leur apogée. Véritables dérives d'avion, ils intègrent les feux arrière évoquant des tuyères de fusée. La conquête de l'espace n'est pas loin ! Le luxe offert par le cabriolet Eldorado, à la hauteur de cette exubérance de style, répond magistralement à l'orgueilleuse santé du pays le plus riche du monde...

FUTURISME DÉBRIDÉ

Les États-Unis n'ont pas craint la démesure dans le dessin de leurs automobiles, mais aucun constructeur n'avait osé aller si loin dans l'aspect futuriste d'un élément de carrosserie. Symboliques des modèles 1959, ces feux arrière en forme d'obus jaillissant d'ailerons futuristes constituent un paroxysme qui ne sera jamais plus atteint.

Dans la lignée de la Dyna, la PL 17 joue la carte de l'originalité, cachant un petit moteur puissant sous une carrosserie vaste et légère. Ses performances dominent celles de ses concurrentes.

PANHARD PL 17

BRILLANTE EN COURSE

La mécanique Panhard a brillé sur les circuits, et notamment aux 24 Heures du Mans. On l'associait généralement à des carrosseries profilées favorisant une bonne vitesse de pointe, comme sur ce coupé CD.

PANHARD PL 17

FICHE TECHNIQUE

PL 17 TIGRE

Moteur : avant 2 cylindres à plat
Cylindrée : 851 cm^3
Puissance : 50 ch à 6 000 tr/min
Transmission : aux roues AV, boîte 4 rapports + MA
Freins : tambours sur les quatre roues
Poids : 830 kg
Vitesse maximale : 145 km/h

DE LA PLACE POUR SIX
Malgré un moteur de taille réduite, la PL 17 était une voiture spacieuse. La puissance de la mécanique, le poids de la carrosserie et son profilage aérodynamique avaient fait l'objet de toutes les attentions des concepteurs de cette voiture ingénieuse, pour obtenir les meilleures performances.

MOTEUR BRILLANT
Le petit moteur Panhard offrait une remarquable puissance spécifique pour l'époque, et pouvait soutenir la comparaison avec des mécaniques plus étoffées.

« Six places, 6 litres/100 km, 5 CV », vante le slogan. Spacieuse, légère, consommant peu sans sacrifier les performances, la Panhard PL 17 joue l'anticonformisme, avec son dessin fluide né du crayon de Louis Bionier. Elle succède en 1959 à la Dyna Z, déjà très remarquée par sa forme tout en rondeurs, et en reprend les principaux ingrédients. Panhard a eu l'intelligence, au lendemain de la Seconde Guerre mondiale, de ne pas s'entêter dans la production de lourdes voitures de luxe et a choisi la voie de la légèreté et de l'efficacité. À commencer par un moteur au rendement remarquable, un petit bicylindre à plat dont la conception ingénieuse lui permet d'atteindre des puissances inespérées, allant jusqu'à 50 chevaux pour 850 cm^3 dans la version « Tigre ». La carrosserie est conçue dans un souci de légèreté, même si l'aluminium initialement utilisé sur la Dyna Z a dû laisser place à l'acier, pour des raisons de coûts. Résultat, la PL 17 devance en vitesse de pointe ses concurrentes comme la 403 et l'ID 19. Sans oublier une tenue de route supérieure à la moyenne, favorisée par la traction avant. Fortes de ces qualités, trois PL 17 arrivent en tête du rallye de Monte-Carlo 1961, alors que le petit bicylindre brille en compétition sur les DB Panhard. Aux 24 Heures du Mans, ce moteur décrochera huit victoires de classe et dix à l'indice de performance ! Des résultats qui ne suffiront pas à sauver la marque : après son rachat par Citroën, la production de la PL 17 cesse définitivement en mai 1965.

Utilitaire de proximité, l'Estafette ouvrait dès 1958 une brèche dans la tradition technique Renault, en adoptant la traction avant qui dégageait une vaste surface de chargement.

RENAULT ESTAFETTE

TRANSPORTS EN TOUS GENRES

Minibus ou fourgonnette, taille normale ou surélevée, l'Estafette savait s'adapter aux besoins de ses utilisateurs et sera produite en multiples versions. Sachez apprécier cette scène d'époque...

Si l'on vous demande quel est le premier véhicule à traction avant commercialisé par Renault, vous répondrez : la Renault 4. Or c'est par un utilitaire que la Regie s'est attaquée à ce mode de transmission : la célèbre Estafette, lancée en 1958. Avec sa Goélette vieillissante et sa Colorale plutôt rustique, Renault est au début des années cinquante un peu à la traîne derrière le Combi Volkswagen ou le Type H Citroën, qui offre un plancher plat idéal pour le chargement. Les études pour un nouvel utilitaire Renault commencent en 1952, confiées au jeune ingénieur Guy Grosset-Grange. Et rapidement, la configuration la plus commode impose la traction avant. Chez Renault, ce choix provoque une petite révolution, puisque l'on est plutôt adepte du tout-à-l'arrière sur les 4 CV et Dauphine, ou de la traditionnelle propulsion sur la Frégate. De la Dauphine, l'Estafette reprend pourtant le moteur Ventoux, robuste et endurant et, lors de sa présentation, elle se révèle résolument moderne et pratique : elle offre une vaste surface de chargement et la porte du chauffeur est coulissante, formule commode pour les manœuvres et les arrêts fréquents.

L'Estafette sera proposée en plusieurs versions, sur lesquelles les carrossiers jettent leur dévolu : miroitiers, marchands ambulants ou campeurs trouvent leur bonheur dans ces carrosseries spéciales,

FICHE TECHNIQUE

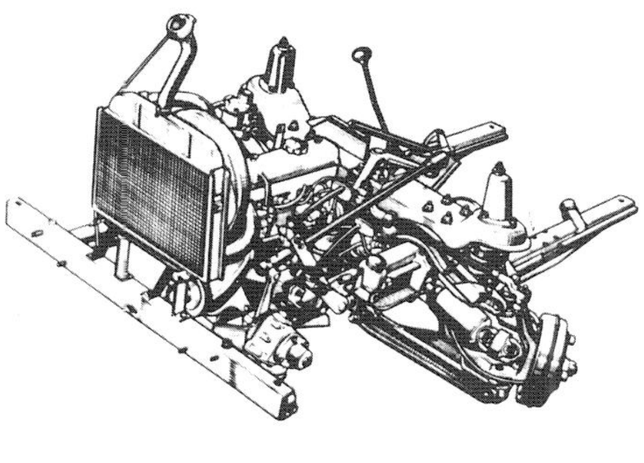

Moteur : avant 4 cylindres en ligne
Cylindrée : 845 cm^3
Puissance : 30 ch à 4 350 tr/min
Transmission : aux roues AV, boîte 4 rapports + MA
Freins : tambours sur les quatre roues
Poids : 975 kg
Vitesse maximale : 95 km/h

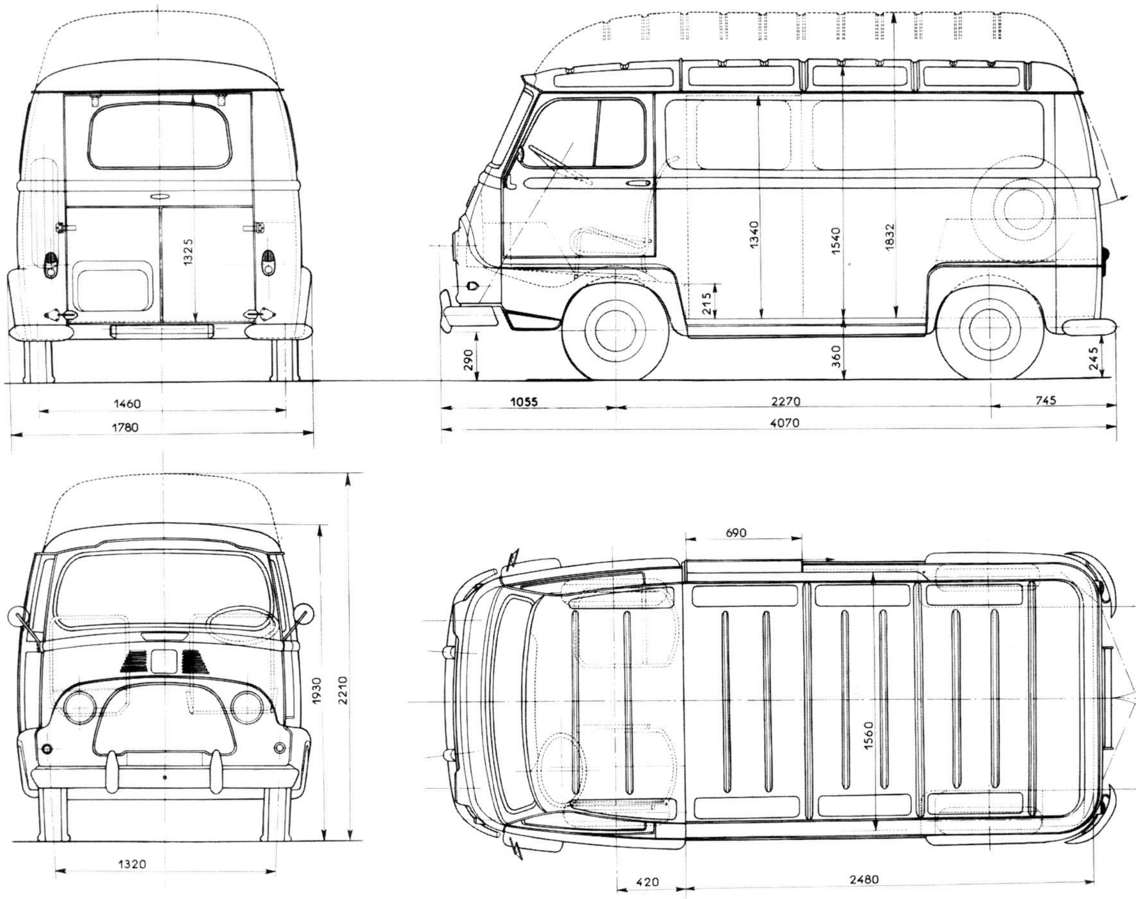

bientôt complétées d’une version surélevée. Plus de vingt ans de carrière et un demi million d’Estafette confirmeront la pertinence de sa conception. Et trois ans après son lancement, la traction avant s’installera dans la gamme tourisme Renault...

POLYESTER

L’Estafette était disponible en version surélevée, avec un toit en polyester, comme ci-dessous.

TRACTION AVANT

Rassembler toute la mécanique à l’avant comporte, pour un utilitaire, de considérables avantages pour dégager la plateforme de chargement. Chez Renault, l’Estafette est ainsi le premier véhicule commercialisé à traction avant. Le Type H de Citroën avait ouvert la voie.

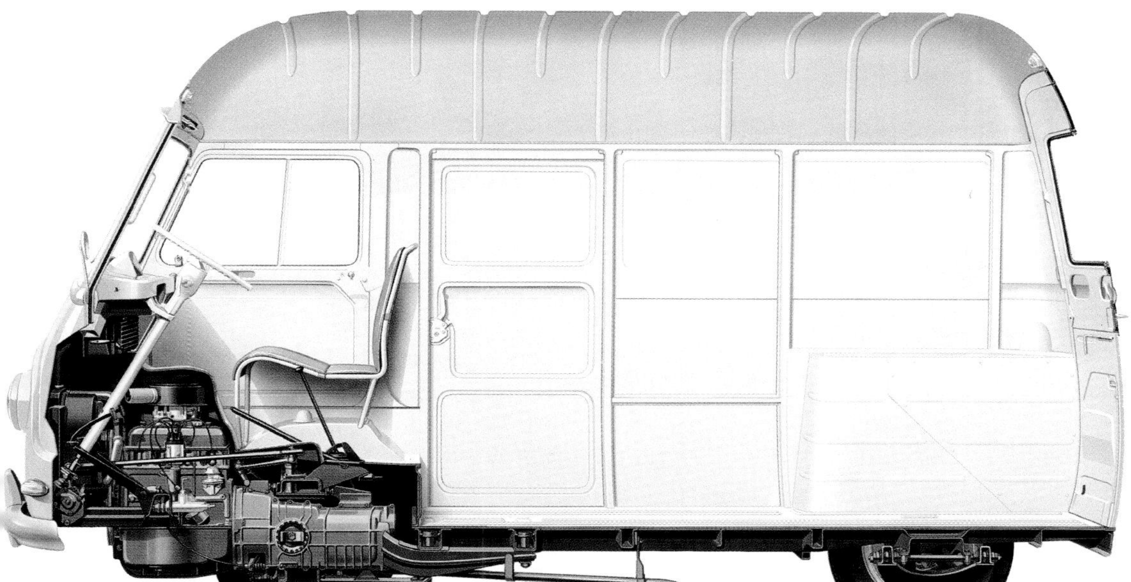

***É**légante et d'une finition soignée, la Floride et sa sœur jumelle la Caravelle symbolisent l'insouciance des années cinquante et soixante. Même Brigitte Bardot l'adoptera...*

RENAULT FLORIDE

L'ÉLÉGANCE EN TOUTE SÉRÉNITÉ

Voiture élégante, la Floride ne pouvait malheureusement pas se targuer de performances vraiment sportives. Elle compensait par son agrément et son aspect décapotable, permettant de profiter du paysage en toute sérénité ...

« Cheveux au vent, visages halés, sourires heureux de ceux qui prennent en Floride les chemins du soleil et du grand air. . Joie de l'évasion au volant d'une voiture jeune, brillante, raffinée... ». Le ton léger de cette

RENAULT FLORIDE

FICHE TECHNIQUE

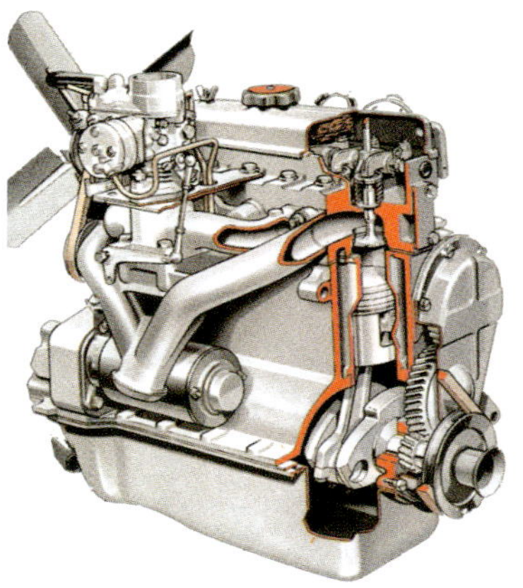

Moteur : arrière 4 cylindres en ligne
Cylindrée : 845 cm^3
Puissance : 40 ch à 5 000 tr/min
Transmission : aux roues AR,
boîte 3 rapports (ou 4 en option) + MA
Freins : tambours sur les quatre roues
Poids : 745 kg
Vitesse maximale : 125 km/h

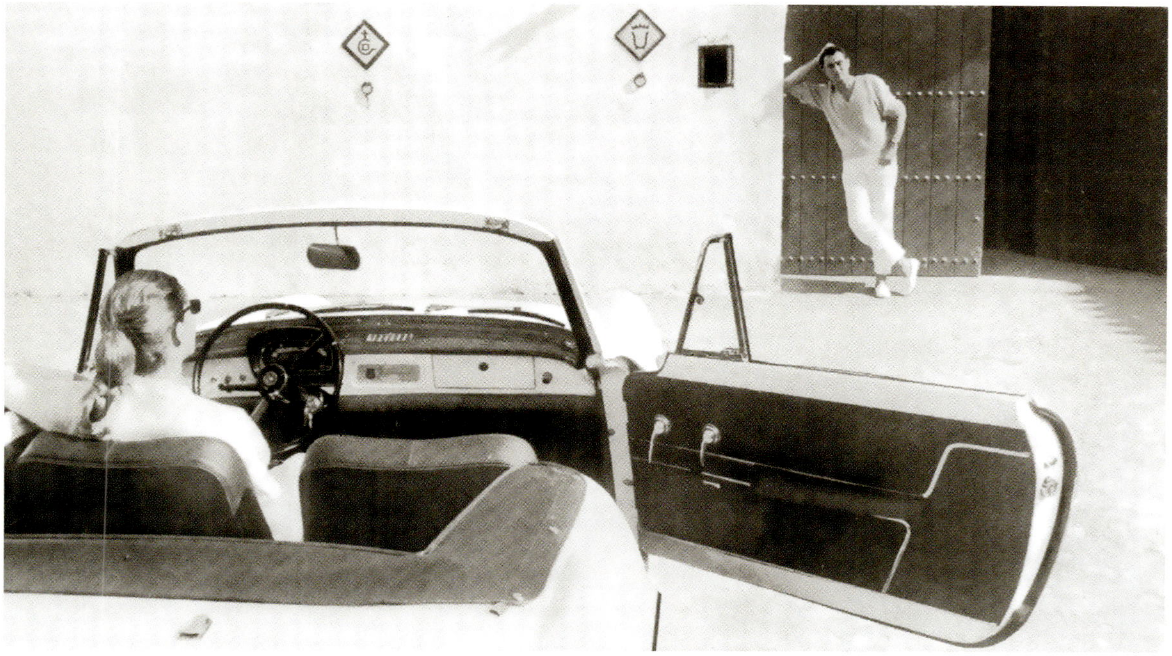

publicité reflète l'insouciance qui a bercé les années cinquante et soixante, dans lesquelles est née puis s'est épanouie la Floride. D'abord présentée comme « Dauphine GT » au Salon de Genève 1958, la nouvelle Renault apparaît dans sa version définitive au Salon de Paris, en octobre de la même année. En toute logique, elle adopte la configuration mécanique de la Dauphine, dont elle est issue : le moteur est donc placé à l'arrière, dans une version plus puissante que sur la berline. Sa ligne pure, née d'une collaboration avec les carrossiers italiens Ghia et Frua, ainsi que ses teintes recherchées en font une voiture élégante qu'adoptent bientôt les vedettes du spectacle. N'a-t-elle pas une marraine de choix, avec Brigitte Bardot ? Sa vocation loisirs permet d'offrir trois versions : coupé, cabriolet, ou convertible avec hard-top. Dès 1962, elle gagne en puissance avec la Floride S qui adopte des freins à disques sur les quatre roues, une première pour un modèle de cette catégorie. L'année suivante, elle laisse la place à sa sœur jumelle la Caravelle, dont le pavillon plus vaste permet de loger deux personnes à l'arrière. Avec les versions 1100, puis 1100 S, la Caravelle dépasse les 140 km/h ! Elle restera au catalogue jusqu'en 1968, et il faudra attendre trois ans pour que Renault propose à nouveau un coupé : ce sera la R17...

SHOW-BIZ

Peu après son lancement, la Floride a bénéficié d'un certain engouement de la part de vedettes du show-biz, ce qui a contribué à son succès.

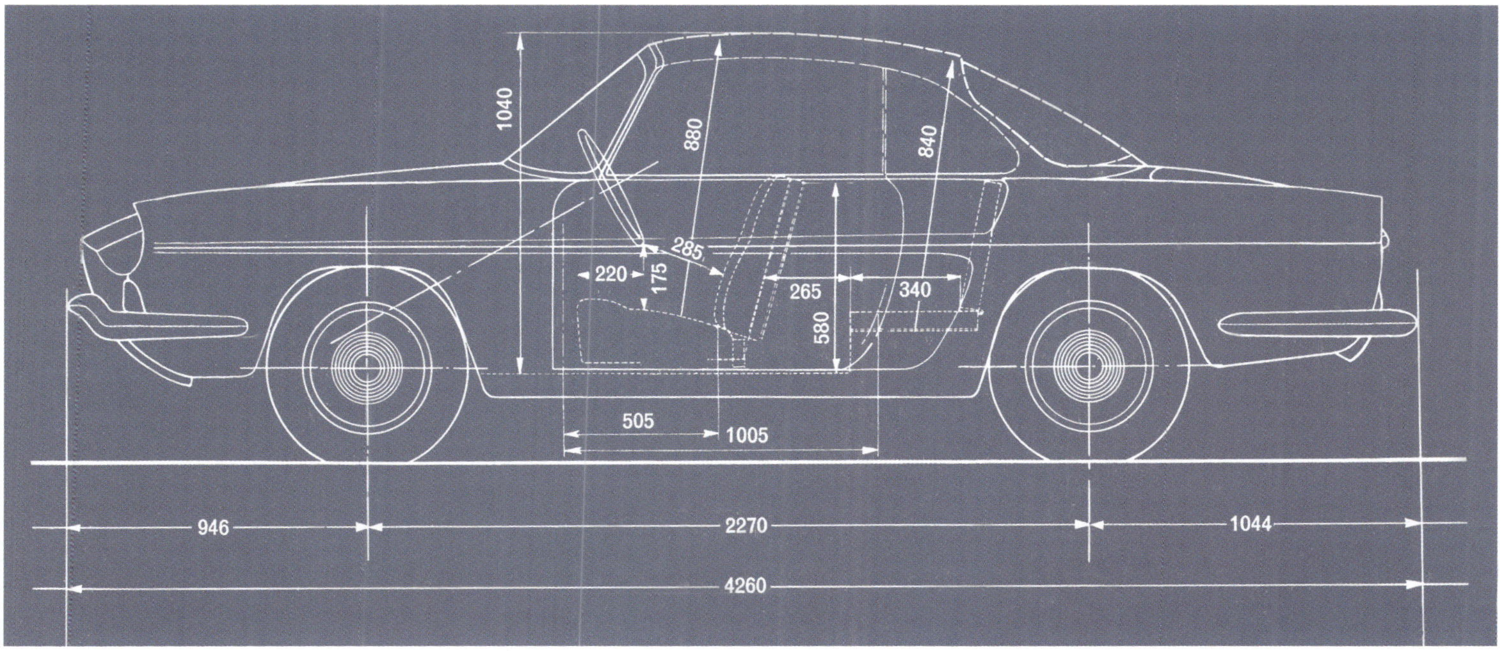

De conception robuste, la Colorale va essayer de répondre aux besoins de la France rurale et coloniale. Malgré ses multiples versions, son manque de puissance et son confort minimal vont limiter sa diffusion.

RENAULT COLORALE

VASTE SURFACE

Le hayon arrière en deux parties horizontales était alors assez fréquent, car il permettait un prolongement de la surface de chargement, qui pouvait être encore augmentée en repliant le siège arrière.

Au lendemain de la Seconde Guerre mondiale, la gamme Renault utilitaire couvre des besoins étendus, de la 4 CV commerciale au camion 7 tonnes. Pourtant, un manque existe entre la Juvaquatre et les camionnettes 1 000 kg. Renault y répond au salon 1950 avec la Colorale, dont le nom résulte de la contraction de coloniale et rurale. Dotée d'une technique aussi simple et sommaire que robuste, avec deux essieux rigides et un moteur à soupapes latérales datant des années trente, la nouvelle Renault offre toutefois une caisse d'aspect sympathique, dont les formes rondes s'inscrivent à merveille dans la France rurale. Véritable « bête de somme », elle est disponible en multiples versions : break Prairie ou Savane, taxi, fourgonnette, pick-up, plateau bâché, châssis-cabine... Renault va même proposer en 1951 une version 4x4 à l'impressionnante garde au sol, formule encore assez rare à l'époque. Plus robuste que rapide, la Colorale participe avec succès à de nombreux raids transcontinentaux, comme les 42 000 km du périple Terre de Feu-Alaska. Mais le manque de puissance se fait sentir, auquel Renault essaye de répondre en 1953 avec un moteur plus moderne dérivé de celui de la Frégate. Son encombrement raisonnable, son faible rayon de braquage et sa vaste capacité de chargement rendent somme toute de bons services aux commerçants et aux exploitants agricoles. Mais la Colorale subit la concurrence des 4x4 étrangers, plus performants,

RENAULT COLORALE

FICHE TECHNIQUE

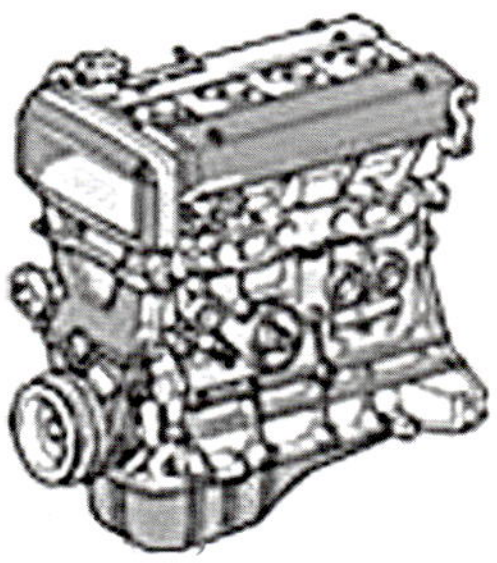

Moteur : avant 4 cylindres en ligne
Cylindrée : 2 383 cm^3
Puissance : 50 ch à 3 400 tr/min
Transmission : aux roues AR, boîte 4 rapports + MA
Freins : tambours sur les quatre roues
Poids : 1 690 kg
Vitesse maximale : 100 km/h

alors qu'arrive sur le marché une nouvelle génération d'utilitaires. Le Type H Citroën puis l'Estafette Renault vont imposer les fourgons à traction avant, plus économiques et commodes.

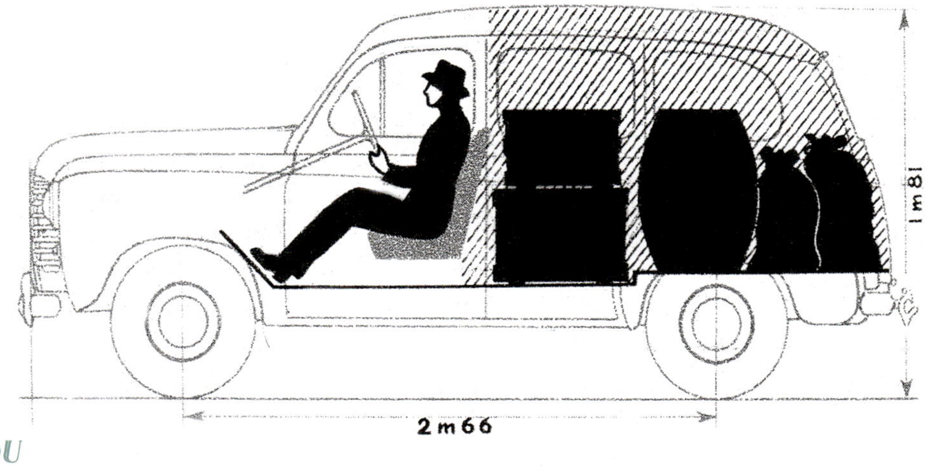

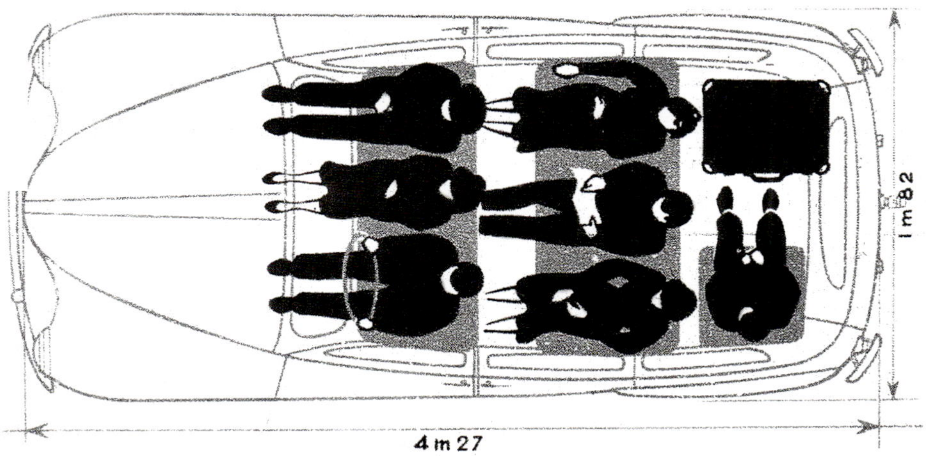

PERSONNES OU MARCHANDISES

Sept occupants ou une cargaison de marchandises, voilà ce que permettait la robuste Colorale.

SOMMAIRE

La forme sympathique de la Colorale cache une mécanique sommaire, voire dépassée. Cette Renault atypique ne rencontrera pas le succès escompté.

Quatre jeunes filles dans le vent, en compagnie de la Renault Estafette : c'est l'époque des yéyé...

estafette 800

TRIUMPH
15-LJ75

Les années "60"

L'automobile des années soixante et soixante-dix a décuplé son incomparable pouvoir de fascination sur les foules. Mais ce n'est pas encore le moment pour l'automobiliste de s'apercevoir que le monde change et qu'il est en passe de devenir un consommateur. Le petit Marseillais a grandi et le jeune Jean-Pierre profite de son premier salaire pour acheter une voiture neuve.

La France accélère. Et le pays se dote des infrastructures dont il a besoin. Le réseau d'autoroutes passe de 174 kilomètres en 1960 à 2 474 kilomètres en 1973. L'automobile est encore reine mais la vitesse commence à être déplacée. Pendant ce temps-là, l'homme marche sur la lune (1969) et Marseille finira par être reliée à la capitale par l'autoroute (1974).

"L'adolescence venue, je ne suis plus tout à fait le petit garçon qui joue aux voitures avec les autos de son père. La 2 CV était la voiture de tous les jours et c'est aussi celle avec laquelle j'ai effectué mes premiers trajets sans permis. Cela s'est d'abord passé de façon très locale, dirons-nous. En effet, ma mère me demandait de descendre les poubelles et de ranger la voiture dans le garage. Je faisais l'un pour pouvoir faire l'autre. C'était pardonnable. Mais je suis obligé d'avouer que, plus tard, j'ai conduit des kilomètres et des kilomètres bien avant d'être en âge de passer le permis. C'est quelque chose d'inimaginable aujourd'hui, mais mon père avait tellement soigné mon apprentissage que j'avais une parfaite maîtrise de la voiture. À sa mort en 1962, je n'avais que 14 ans mais je conduisais souvent la 2 CV, avec maman à mes côtés bien sûr. Prendre le volant d'une

Johnny Stark a offert à Johnny Hallyday une magnifique Triumph TR3 pour ses 18 ans. Le petit roadster anglais ne survivra que quelques mois et participera à la légende qui commence à auréoler Johnny et les yéyés.

Une, deux, trois quatre, cinq... et six personnes dans la voiture. Pour cette dernière, on choisira le coffre de la voiture. Les copains d'abord !

voiture a été une manière pour moi de m'affirmer (j'insultais même les gens qui conduisaient mal à mon goût !). Je savais faire quelque chose que mes copains ne savaient pas faire.

Premier salaire pour une voiture

"Quelques années plus tard, le permis en poche, la 2 CV de ma mère est logiquement devenue ma première voiture. Immatriculée 8921 BL 13, elle était bleue et avait des pare-chocs Robri à l'avant. C'est cette voiture qui m'a accompagné à Monaco en 1966 quand j'ai commencé ma carrière, puis à Paris quand j'ai travaillé à Europe 1, à partir de 1967.

Mais ma véritable première voiture a été une R8. J'ai en effet abandonné ma vieille 2 CV après m'être laissé séduire par la toute nouvelle R8 Major. Ça s'est passé sur les Champs-Élysées, au Pub Renault, c'était mon premier achat de salarié et il m'a fallu la caution de ma maman, parce qu'à l'epoque les crédits étaient à plus de 20 %.Cette acquisition était pour moi un acte important. C'était un geste quasiment social, je m'installais dans le monde des adultes. J'étais un animateur encore peu connu à Europe 1 et j'étais fier de me garer devant les locaux de la station avec ma R8 bordeaux. Je me rappelle que je calculais mes remboursements ; la R8 Major ne correspondait pas à la voiture de mes rêves mais plutôt à la voiture de mes moyens. Vous pouvez imaginer que cette Renault 8 (équipée de 4 freins à disques) était une vraie fierté pour moi, et j'avais même fait ces modifications qui faisaient qu'elle ne marchait jamais ! Jean-Michel Leulliot, qui travaillait au Service des sports sur la première chaîne, m'avait conseillé de monter une pipe Autobleu – la fameuse – pour que ma R8 Major prenne de faux airs de R8 Gordini, le nec plus ultra de la voiture sportive à l'époque. Au lieu de cela, elle s'est mise à chauffer sans arrêt et j'étais obligé de surveiller avec précaution le niveau de l'eau. Malheureusement, cette R8 Major a mal fini. J'habitais avenue de Versailles, dans le XVIe

Avec un nom qui évoque le rêve américain, la Floride a la marraine la plus glamour qui soit en la personne de Brigitte Bardot...

arrondissement. Un dimanche matin, alors que je partais travailler pour une émission qui s'appelait Jean Poiret est tombé du lit pour vous, je n'ai retrouvé qu'un tas de ferraille. Un camion l'avait écrasée dans la nuit.

Après la R8, j'ai eu des R16 auxquelles ont succédé des R5, c'étaient des voitures à la pointe de la modernité qui ne servaient qu'à me déplacer..."

Voiture de rêve et rêves de voiture

"Parmi mes copains de cette fin des années soixante, il y avait Éric Charden et Jacques Monty. Artistes reconnus, ils s'étaient mis à gagner beaucoup d'argent. Charden et Monty habitaient dans la même rue à Saint-Cloud et possédaient

Le bel Elvis et Ann Margret cheveux au vent dans une scène de Viva Las Vegas.

chacun une Ford Mustang, une rouge et une blanche. Et moi, je leur rendais visite avec ma petite R8. De temps en temps, Éric me prêtait sa Mustang pour aller me balader. C'était la voiture qu'il fallait avoir à cette époque. Je me souviens du bruit du V8 et de l'essence que le moteur avalait à chaque fois que l'on accélérait.

Aujourd'hui, cela m'importe peu, mais, à l'époque, la voiture était le symbole le plus visible de la réussite. Un véritable signe extérieur de richesse... Ou d'appartenance à un clan. Dans un autre registre, on roulait Citroën, Peugeot ou Renault et on vouait une fidélité sans faille à une marque en grimpant dans la gamme au gré des changements de modèle. Cela signifiait quelque chose que de rouler dans telle ou telle marque. Bourgeois, cadre ou ouvrier, chacun sa voiture ! Et le marketing n'avait pas encore bouleversé nos habitudes, ni dicté sa loi implacable."

Ode à la liberté

"Posséder une voiture, c'était aussi avoir la capacité de partir... Voyager était la première chose qui nous venait à l'esprit avec les copains. Certains montaient au Cap Nord en 4L, d'autres prenaient la route de Katmandou en Combi VW, nous on prenait la voiture et hop, on allait à Venise... Tiens, et si on partait vers Milan ? La voiture était le symbole de notre liberté. On mettait 10 francs d'essence et ça durait la semaine.

Puis, le temps a passé et l'émotion s'était dissipée : la voiture était devenue pour moi un instrument de travail. À la fin des années soixante, j'étais de nouveau animateur à RMC et, deux fois par semaine pendant vingt ans, j'ai fait des émissions en extérieur dans des villes du sud de la France. J'ai passé beaucoup de temps dans les 504 breaks ou dans les CX breaks-studios de Radio Monte-Carlo. On roulait la fenêtre grande ouverte, le bras à la portière en laissant l'air s'engouffrer dans la manche pour que le dos ne colle pas au siège en skaï. L'évolution de la voiture vers le confort a affadi les sensations. Petit à petit, l'insouciance des voyages d'antan a disparu à force d'être concentré sur la réglementation. Rouler était un plaisir simple, c'est devenu une contrainte... Chercher une place, supporter les bouchons et les péages, surveiller le compteur. On en oublierait presque d'admirer le paysage !

L'automobile faisait partie de la vie courante mais, désormais, on ne veut plus d'elle. Elle n'a plus ni l'importance ni le prestige d'antan, ce n'est plus qu'un engin sans intérêt et polluant. Ce qui était passionnant est devenu une contrainte, c'est très certainement pour cela que je me suis mis à trouver plus de charme aux anciennes qu'aux dernières créations des bureaux d'études. Le troisième millénaire a mis l'automobile au placard ! Les voitures modernes n'évoquent plus rien pour moi. Rouler en ancienne est une autre façon d'envisager l'automobile et cela me convient aujourd'hui. Les années 1970 représentent pour moi la dernière période d'un monde où les voitures avaient une âme (on reconnaissait une 4L ou une Simca 1000 rien qu'au bruit de leur moteur), un monde où l'on pouvait encore acheter une DS neuve..."

Sheila chante L'école est finie *(page de gauche) et vend plus d'un million et demi d'exemplaires de son 45 tours. Largement de quoi financer un permis de conduire !*

En 1963, pour promouvoir la 4L Parisienne, Renault "embauche" Sheila, la nouvelle idole à la mode. Avec son célèbre kilt assorti à la décoration de la 4L Parisienne, Sheila est partout, et elle apparaît même avec dans la célèbre émission "Âge tendre et tête de bois" en chantant : "Vous les copains, je ne vous oublierai jamais, di doua di di doua di dam di di dou".

Dans la lignée de la 403, la Peugeot 404 reste d'un classicisme de bon aloi. En se payant quand même le luxe d'une robe transalpine, qui ne manque pas d'élégance.

PEUGEOT 404

THÈME PININFARINA

Auteur du dessin de la 404, le carrossier italien Pininfarina déclinera le même thème sur d'autres voitures, comme la Lancia Flaminia ou l'Austin Cambridge, sur lesquelles on retrouve cette large calandre.

Reine des pistes africaines, la Peugeot 404 n'a pourtant pas une vocation particulièrement sportive. De conception très classique, elle s'offre tout de même un brin de fantaisie, avec une carrosserie signée Pininfarina, le maître transalpin. Cette ligne d'une certaine finesse, à l'habitacle très lumineux et aux traits tendus, est unanimement saluée par la presse lors de sa présentation, en 1960. Bien qu'elle ne détrône pas tout de suite la 403, dont la version 7 CV reste au catalogue, la 404 rencontre un succès immédiat. Outre son dessin, on apprécie sa nervosité, sa présentation intérieure attrayante et son confort appréciable, malgré un essieu arrière rigide assez peu au goût du jour. Elle constitue une alternative intéressante à la Citroën ID 19, qui peut paraître trop sophistiquée, à la vieillissante Frégate Renault ou aux Simca Beaulieu, très américanisées. Sa version Super luxe va se parer d'une certaine opulence, avec un intérieur cuir et des teintes métallisées qui se marieront parfaitement avec le nouveau moteur présenté au Salon de Genève 1961, à injection. Une première en France pour un modèle de série, et une technique encore peu utilisée sur des berlines de cette catégorie. La formule va apporter un indéniable prestige à Peugeot, dont la gamme s'élargit : un cabriolet est présenté en 1961, suivi l'année suivante d'un coupé, alors que les familles nombreuses peuvent opter pour la familiale à trois rangées de sièges. Avant les monospaces, il fallait bien trouver • • •

PEUGEOT 404

FICHE TECHNIQUE

404 Super luxe 1965

Moteur : avant 4 cylindres en ligne
Cylindrée : 1 618 cm^3
Puissance : 76 ch à 5 500 tr/min
Transmission : aux roues AR, boîte 4 rapports + MA
Freins : tambours sur les quatre roues
Poids : 1 070 kg
Vitesse maximale : 145 km/h

HABITACLE LUMINEUX

La 404 présentait un habitacle lumineux, comportant de confortables sièges-couchettes. La planche de bord, sans fioritures et avec son levier de vitesses au volant, pouvait être de couleur claire ou sombre, en fonction des teintes de carrosserie.

PONT ARRIÈRE RIGIDE

Sous une robe moderne, la 404 conservait une technique traditionnelle et dans la lignée de la 403, avec son essieu arrière rigide et propulseur. Le moteur était incliné sur le côté, ce qui permettait d'abaisser un peu le capot.

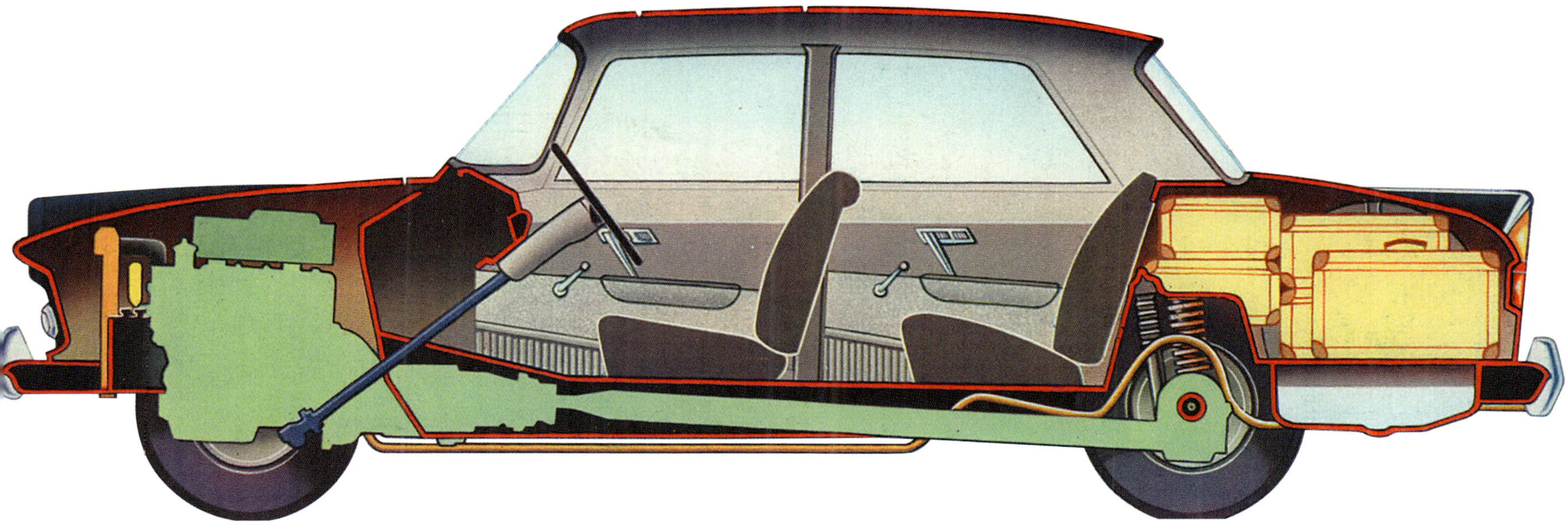

POUR LA FAMILLE

Peugeot faisait partie des constructeurs proposant une familiale comportant trois rangées de sièges et pouvant accueillir huit personnes. Les monospaces n'existaient pas encore...

CABRIOLETS ET COUPÉS : PLUS BOURGEOIS QUE SPORTIFS

Le Salon de l'auto 1961 réserve une surprise aux amateurs de Peugeot : le stand de la marque accueille un splendide cabriolet rouge vif... Contrairement aux cabriolets 203 et 403, directement issus de la berline, celui-ci reçoit une robe très personnelle, plus basse et racée que ne le serait une 404 « décapitée ». Comme la berline, le cabriolet est dessiné par Pininfarina, auteur également du coupé présenté un an plus tard. Côté technique, en revanche, cabriolet et coupé reprennent exactement la base de la berline et ne peuvent donc se targuer d'un caractère sportif. Ils plaisent à une clientèle attentive à l'élégance et l'exclusivité de ces carrosseries, dont le prix pour la version à injection atteint le double de celui de la berline !
Ils suivront eux aussi une carrière relativement paisible, avec un changement de style fin 1966 : deux projecteurs placés dans la calandre apportent un peu d'agressivité, alors que le tableau de bord se pare de trois compteurs ronds. Parallèlement, un moteur plus puissant, de 96 chevaux, est disponible à partir de 1965.
Ultime concession au sport, le levier de vitesse passe au plancher en 1968, quelques mois avant de céder la place au cabriolet 504, après une production de plus de 17 000 cabriolets et coupés.

TOIT OUVRANT

Le coque de la 404 comportait cette structure sur laquelle se rapportaient les éléments démontables, comme les ailes avant, les portes et les capots. Elle pouvait être livrée avec un toit ouvrant.

INJECTION ET DIESEL

La 404 va bénéficier de plusieurs motorisations, dont un moteur à injection, plus brillant, et un moteur diesel, très apprécié des chauffeurs de taxis.

• • • un moyen de caser tous les enfants ! La même carrosserie est disponible aussi en commerciale, comportant une banquette rabattable. Traditionnellement chez Peugeot, la version tourisme se double d'un utilitaire : la fourgonnette 404 U7, et surtout la camionnette bâchée, qui rencontrera un succès planétaire : elle restera en fabrication jusqu'en 1988, bien après la sortie de chaîne de la dernière 404 berline !

Dans la lignée de la 403, Peugeot va doter en 1963 la 404 d'une version diesel, technique encore rare sur les voitures de tourisme, et particulièrement appréciée des chauffeurs de taxi. D'ailleurs, un cabriolet à moteur diesel, équipé d'un profilage spécial, va récolter à Montlhéry une impressionnante moisson de records en juin 1965, dont 72 heures à plus de 160 km/h ! Les autres performances sportives de la 404 se dérouleront surtout sur le continent africain, avec quatre victoires à l'East African Safari. Sa robustesse fait merveille sur les pistes pleines de surprises...

Lorsqu'elle disparaît du catalogue, au milieu des années soixante-dix, la 404 aura dépassé les 1,5 million d'exemplaires. En toute discrétion...

PLUS DE SECOURS

À partir des modèles 1967, la roue de secours disparaîtra du coffre, qu'elle encombre ici en partie. Il reste tout de même spacieux.

Sa forme bizarre n'a pas empêché l'Ami 6 de rencontrer le succès, surtout dans sa version break. Dérivée de la 2 CV, elle offre un aménagement nettement plus confortable.

CITROËN AMI 6

Avec sa lunette arrière inversée, son capot creusé, ses gros phares oblongs et sa calandre tourmentée, l'Ami 6 est tout sauf banale. Ce dessin très particulier, dû à Flaminio Bertoni, aussi auteur des DS et 2 CV, s'explique en partie par le souhait du patron de Citroën de l'époque, Pierre Bercot, d'une carrosserie trois volumes. Une démarche opposée à celle de Renault, qui lance au même moment la 4L... En fait, l'Ami 6, que l'on appelle au début la 3 CV Citroën, vient s'intercaler entre la rustique 2 CV et la confortable ID 19. Citroën reprend la plateforme de la 2 CV, y place un moteur ayant un peu plus de coffre et équipe l'auto des aménagements de confort dont est privée sa petite sœur. Présentée au printemps 1961, cette « super-2 CV » récolte un succès immédiat, malgré son prix un peu élevé qui la place au-dessus de la Dauphine et de la Simca Étoile 6. Un peu plus nerveuse que la 2 CV, elle en garde les qualités de suspension et tenue de route, dans un environnement

BOUCHE GRIMAÇANTE

L'Ami 6 présente une allure plutôt torturée, avec cet avant un peu compliqué. Il s'agit d'une 2 CV « embourgeoisée » dont elle reprend les principes techniques. Ci-contre, tableau de bord de l'Ami Super.

CITROËN AMI 6

FICHE TECHNIQUE

Moteur : avant 2 cylindres à plat refroidis par air
Cylindrée : 602 cm³
Puissance : 25 ch à 3 800 tr/mn
Transmission : aux roues AV, boîte 4 rapports + MA
Freins : tambours sur les quatre roues
Poids : 620 kg
Vitesse maximale : 115 km/h

plus confortable. Pour répondre au goût du jour, la gamme se complète en 1964 d'un break dont les ventes vont bientôt dépasser celles de la berline, pour atteindre les trois-quart de la production. Preuve que la lunette inversée ne recueille pas tous les suffrages, et que dans cette catégorie, l'aspect pratique prédomine ! Citroën va retenir la leçon et l'Ami 8, qui succède en 1969 à l'Ami 6, adopte une carrosserie deux volumes, vite épaulée par un break. L'Ami Super de 1973 marque l'ultime évolution de l'Ami 6, son moteur GS lui apportant enfin des performances honorables.

BREAK DEVANT BERLINE

Le break sera une carrosserie très appréciée, qui dépassera la berline en chiffres de vente. La lunette arrière inversée ne faisait donc pas que des émules... et manquait surtout de commodité, par rapport à la version avec hayon.

L'Ami 6 s'appuyait sur une plateforme caissonnée. Il s'agit ici de l'Ami Super, qui recevait le moteur de la GS.

Avec la Type E, Jaguar signe un coup de maître : ligne époustouflante, performances exceptionnelles, à un prix nettement inférieur à celui de ses concurrentes directes. Des qualités qui vont en faire une des sportives les plus célèbres de son époque.

JAGUAR TYPE E

UN OBUS SUR ROUES

Lors de sa présentation, la Type E a provoqué un véritable choc, par l'audace de sa ligne toute entière taillée pour la vitesse.

En 1961, le twist vient de naître, Johnny Hallyday fait un tabac à l'Olympia et les chansons des Beatles vont déferler sur le monde. Et le monde automobile va aussi connaître sa révélation... En mars, au Salon de Genève, la nouvelle Jaguar Type E fait l'effet d'une bombe. « La Type E vole la vedette au salon ! » titre Autosport. Les célébrités accourent. Premier client, l'acteur Jacques Charrier, époux de Brigitte Bardot, interrompt un tournage en Italie pour venir prendre commande. L'interminable capot de la nouvelle Jaguar, tel un obus pointé vers l'avant, n'est pas là que pour la frime car il cache un 6-cylindres raffiné et puissant. Tout cela pour un prix défiant toute concurrence, environ la moitié d'une Ferrari 250 GT.

La Type E doit son existence à une petite équipe dirigée par William Lyons : Bill Heynes, ingénieur en chef, Malcolm Sayer, aérodynamicien, Bob Knight au bureau

FICHE TECHNIQUE

Type E 4,2 litres

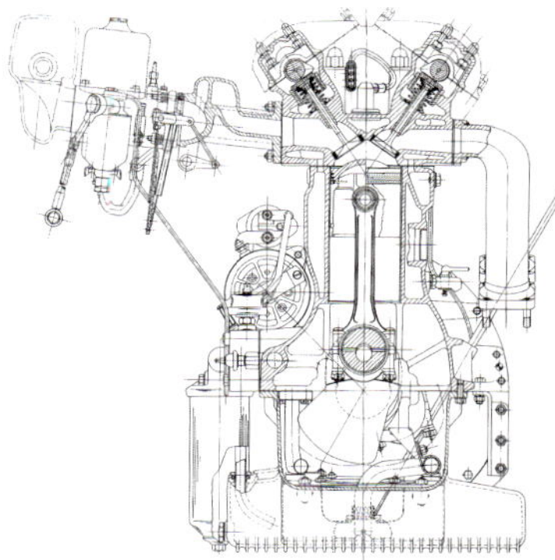

Moteur : avant 6 cylindres en ligne
Cylindrée : 4 235 cm³
Puissance : 265 ch à 5 400 tr/min
Transmission : aux roues AR, boîte 4 rapports + MA
Freins : disques sur les quatre roues
Poids : 1 250 kg
Vitesse maximale : 240 km/h

POUR PETITS GABARITS

Ci-contre, l’étroite banquette de la version 2+2, légèrement plus longue et haute que le coupé normal. Grandes tailles s’abstenir !

IMMENSE CAPOT

L’élégante planche de bord comporte tous les instruments que l’on attend d’une telle machine.
Ci-contre, le capot représente quasiment la moitié de la longueur totale !

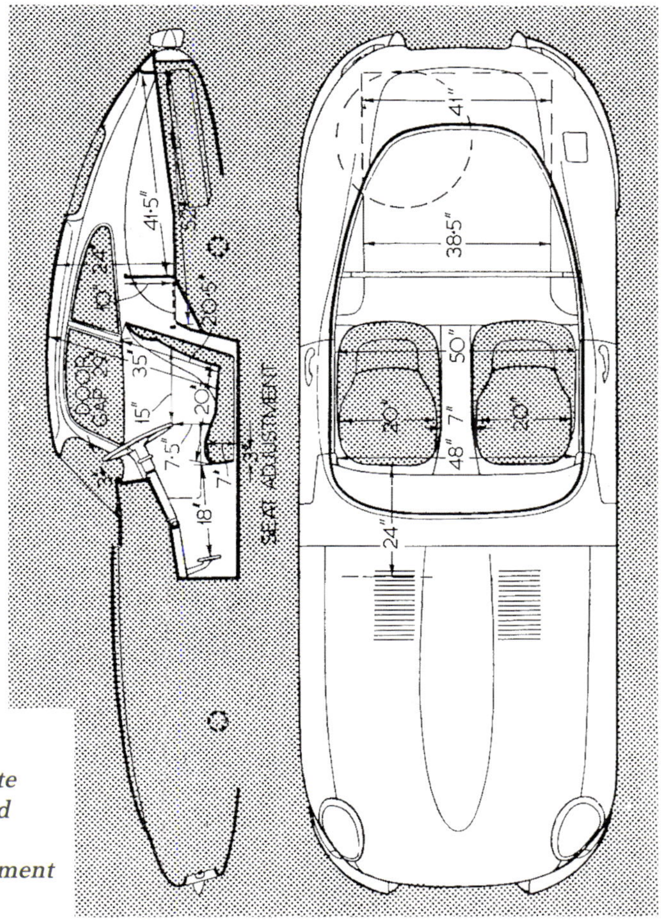

d’études, Norman Dewis, essayeur maison. Réactifs et enthousiastes, ils donnent naissance à une sportive exceptionnelle : sa ligne aérodynamique est dérivée de la Type D, gagnante des 24 Heures du Mans, et son moteur provient des excellentes XK. Jusqu’à 1974, quand elle tire sa révérence, la Type E va évoluer. Son marché principal étant les États-Unis, c’est un peu sous son influence que les changements vont s’opérer, pas toujours pour le meilleur. Normes de sécurité et d’antipollution vont troubler la pureté et la puissance des premières versions, jusqu’à la dernière 12-cylindres, certes prestigieuse mais alourdie, au propre comme au figuré. Peu importe : la Type E est déjà entrée dans la légende...

La Type E abandonnait le châssis traditionnel des XK pour une coque caissonnée que l’on distingue sur cette magnifique vue fantôme.

Résolument moderne avec son hayon arrière et sa traction avant, la Renault 4 est la réponse de la Régie à la 2 CV Citroën. Avec ses huit millions d'exemplaires, l'élève va dépasser le maître...

RENAULT 4

EN AVANT, TOUTE !

Comme sa concurrente la 2 CV, la Renault 4 joue la carte de la simplicité. Toute la mécanique est regroupée à l'avant pour bien dégager le plancher, ce qui permet une vaste surface de chargement pour un encombrement modéré.

Hayon arrière, carrosserie deux volumes, traction avant... La Renault 4, lors de sa présentation en juillet 1961, rompt radicalement avec les habitudes de Renault, en ouvrant une brèche dans laquelle vont s'engouffrer les voitures de l'ère moderne. À l'époque en effet, on est encore attaché à la présence d'un coffre et la traction avant commence tout juste à faire école au-delà de ses adeptes traditionnels, comme Citroën. Chez Renault, on est jusqu'à présent plutôt partisan du tout-à-l'arrière, adopté sur la 4 CV et la Dauphine. Mais à la fin des années cinquante, l'essor économique fait naître des besoins qui dépassent le simple déplacement d'un point à un autre : les usagers attendent d'une voiture qu'elle offre plus de volume et des solutions pratiques,

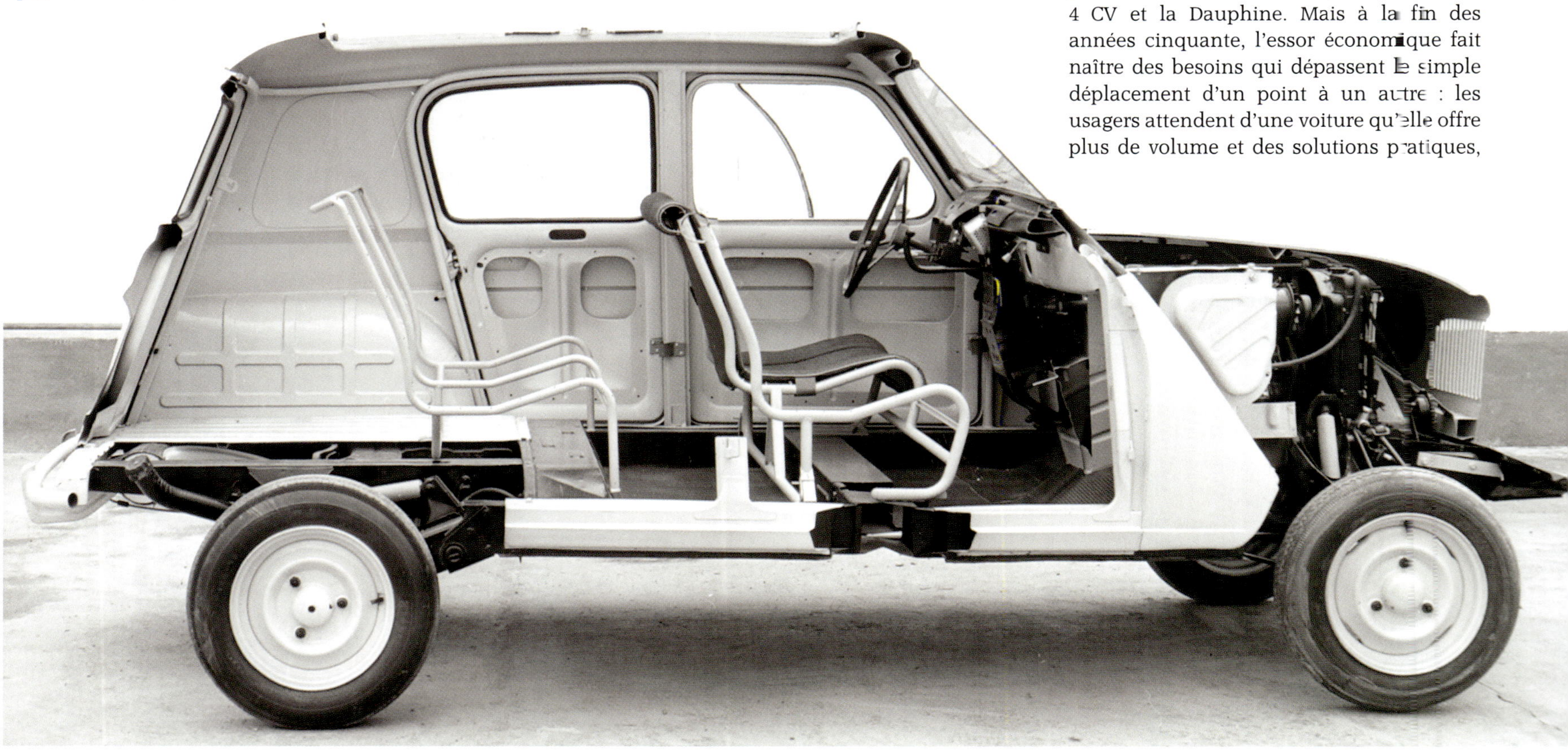

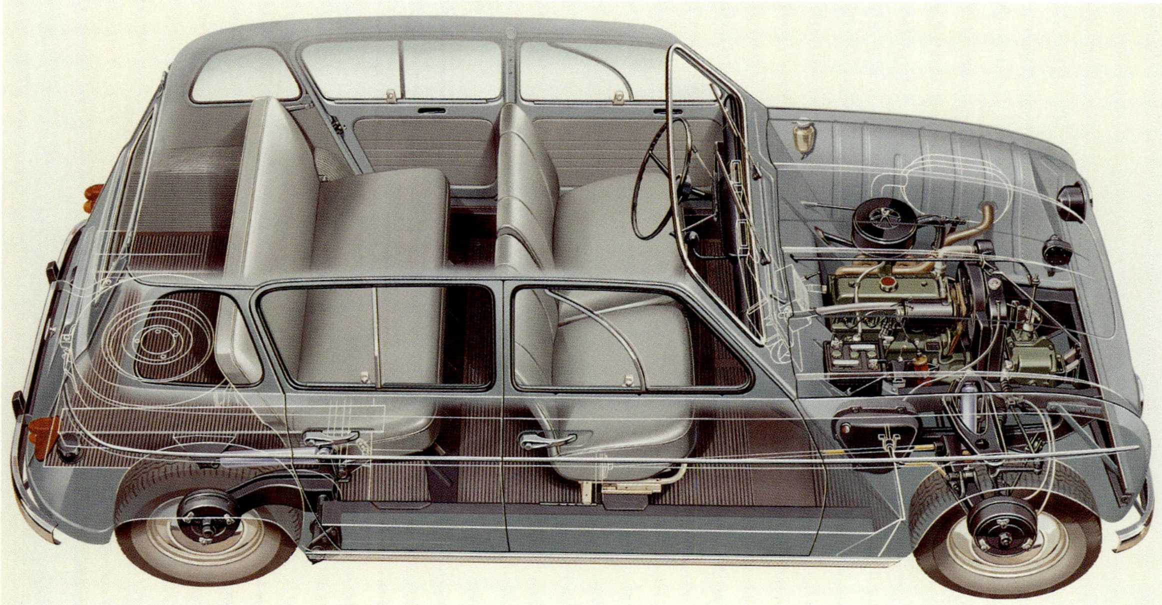

FICHE TECHNIQUE

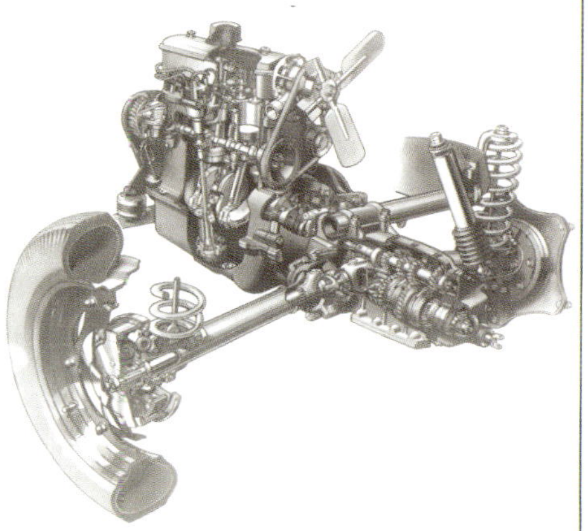

Moteur : avant 4 cylindres en ligne
Cylindrée : 845 cm^3
Puissance : 32 ch à 4 500 tr/min
Transmission : aux roues AV, boîte 3 rapports + MA
Freins : tambours sur les quatre roues
Poids : 605 kg
Vitesse maximale : 115 km/h

tout en restant économique. Une voiture apporte une assez bonne réponse à cette demande : la 2 CV Citroën... Elle ne peut laisser Renault indifférent et Pierre Dreyfus, alors Pdg de la Régie, demande à ses équipes de faire mieux, à partir d'un cahier des charges à peu près semblable. Les ingénieurs se mettent au travail, faisant rapidement le choix des roues avant motrices déjà adoptées sur l'Estafette. En 1959, plusieurs prototypes sillonnent les routes aux climats les plus extrêmes, totalisant près de trois millions de kilomètres ! Et à l'arrivée, la Renault 4 répond aux qualités qu'on exige d'elle : plancher plat permettant une vaste surface de chargement, accès arrière commode, confort appréciable grâce aux suspensions à grand débattement, usage économique permis par le moteur • • •

POUR L'HABITABILITÉ

La R4 est la première Renault de tourisme à traction avant, disposition qui favorise l'habitabilité. Le moteur est issu de celui de la 4 CV, qui avait largement fait ses preuves. Remarquez les sièges, composés d'une simple armature tubulaire.

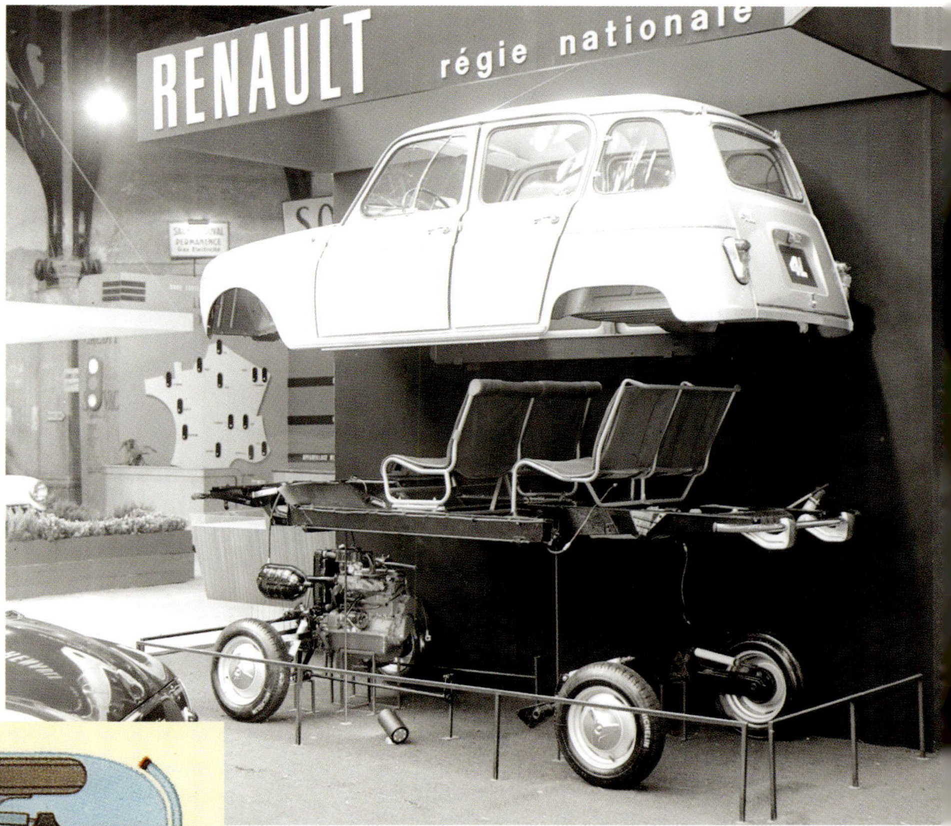

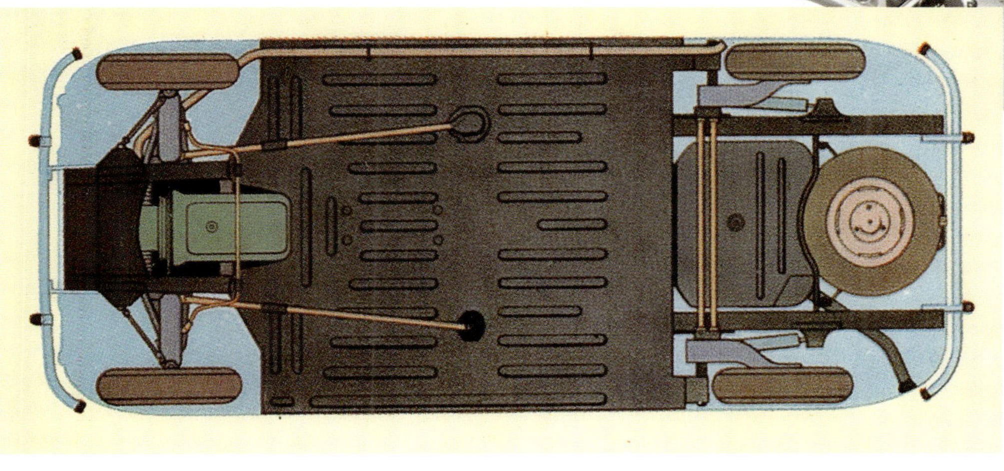

BARRES DE TORSION

La suspension s'effectue par barres de torsion, longitudinales à l'avant et transversales à l'arrière (en rouge sur le dessin). Une solution peu encombrante et permettant les grands débattements voulus sur la R4.

COMMODE ET ÉCONOMIQUE

Jeunes couples ou familles avec enfants en bas âges, la Renault 4 s'adapte à toutes les situations, avec une économie de fonctionnement difficile à battre.

LA 4 L DES FRÈRES MARREAU

Vous avez probablement entendu parler des frères Marreau, inoxydables baroudeurs ayant remporté le Paris-Dakar en 1982, après plusieurs participations dont une en... Renault 4. Auparavant, ils avaient battu le record de vitesse sur le parcours Le Cap-Alger : en décembre 1971, ils couvrent les 15 500 km en 8 jours, 22 heures et 18 minutes, avec une Renault 12 Gordini... Mais l'aventure avait commencé avec une Renault 4. C'est en effet avec ce modèle qu'ils partent en reconnaissance africaine, en 1969, ce qui leur permet de demander et d'obtenir une subvention de la « Dotation des routes du monde Renault », qui fournissait des Renault 4 aux aventuriers en herbe.Au-delà de cette anecdote, la robustesse et la simplicité de la Renault 4 en ont fait une voiture appréciée dans les pays aux routes et pistes difficiles.

• • • issu de la 4 CV... Elle est au départ disponible en trois versions, R3 ou R4 quatre glaces, et R4L mieux équipée et dotée de six glaces latérales. C'est à cette dernière que le public va apporter sa préférence, faisant exploser les chiffres de vente tout en donnant à la R4 son nom générique, la « quatrelle ». On peut même la commander en 1962 en R4 Super, dont la particularité est une glace arrière qui descend dans le hayon. La Renault 4 va ensuite connaître une carrière exceptionnelle, portée par les améliorations esthétiques et techniques permettant de la maintenir au goût du jour. Produite sur 26 sites répartis dans le monde entier, sa commercialisation cessera en France en 1992, mais la production se poursuivra encore deux ans dans l'usine de Casablanca. Soit 33 ans d'existence, et plus de huit millions d'exemplaires... Une consécration, pour la première « voiture à vivre ».

AU LIEU D'UN BREAK

La Renault 4 inaugure la formule du hayon arrière, extrêmement pratique et qui va largement faire école. Elle élimine la nécessité d'une version break.

HORS SÉRIE

Parmi les séries spéciales éditées à partir de la Renault 4, il en est une qui a tout particulièrement marqué les esprit : la Parisienne, de couleur noire et dont les flancs étaient dotés d'une imitation cannage jaune du plus bel effet. L'idée venait d'une opération de promotion réalisée en 1963 par le magazine *Elle*. Au catalogue jusqu'en 1968, la Parisienne a bénéficié d'autres teintes spécifiques. Par la suite, la Renault 4 a été l'objet de bien d'autres séries spéciales : Safari en 1976, avec ses teintes vives, Jogging en 1981, avec toit ouvrant en toile, Sixties, Carte Jeune, Bye bye... Autant d'opérations destinées à relancer l'intérêt des clients et les ventes de la petite Renault.

COMMERCIALE

Une version commerciale, à la finition plus simple et ne comportant que deux glaces latérales, était disponible. Elle fera la joie des agriculteurs et des artisans.

Sans coups d'éclat, la Simca 1000 a connu une assez longue carrière, de 1961 à 1978. Sa forme agréable et ses versions de luxe ou de sport y sont pour quelque chose.

SIMCA 1000

Au début des années soixante, la technique automobile hésite encore entre traction avant, propulsion et tout-à-l'arrière. Le Salon de Paris, en octobre 1961, en est le reflet : alors que le stand Renault accueille la nouvelle R4 à traction avant, chez Simca on présente une autre nouveauté, la Simca 1000, dont le moteur est à l'arrière... Le patron de Simca, Henri Pigozzi, reste attaché à l'Italie dont il est originaire, et à Fiat dont il a longtemps fabriqué les modèles sous licence. Il s'inspire donc des petites cylindrées du géant italien. De plus, les Renault sont dans le collimateur de Simca : la Dauphine est un best-seller et l'on parle déjà de la future Renault 8. Pour remplacer son

RAJEUNIR LA GAMME

Chez Simca, le lancement de la 1000 fait vieillir l'Aronde P60, qui reste pourtant en vente quelque temps encore. La ligne radicalement nouvelle de la Simca 1000 a été dessinée en collaboration avec un bureau d'études indépendant.

SIMCA 1000

FICHE TECHNIQUE

Simca 1000 1965

Moteur : arrière 4 cylindres en ligne
Cylindrée : 944 cm^3
Puissance : 50 ch à 5 200 tr/min
Transmission : aux roues AR, boîte 4 rapports + MA
Freins : tambours sur les quatre roues
Poids : 730 kg
Vitesse maximale : 130 km/h

SOUS INFLUENCE

La Simca 1000 reprend la conception des petites Fiat, comme la 500 et la 600, dont le moteur est placé à l'arrière. Une disposition qui permet de dégager le plancher, souvent encombré à l'époque par le tunnel de transmission.

Aronde, Simca lance donc la petite 1000, dont le dessin est confié à un cabinet indépendant. Compacte, de forme agréable, la Simca 1000 reçoit un bon accueil et offre dès 1962 une version Grand Luxe à l'aménagement séduisant. Elle va gagner en puissance avec la GLS, et bénéficiera en 1966 d'une boîte de vitesses automatique. L'année 1968 sera celle d'un nouveau « look », à base de phares et feux volumineux, alors que la gamme va de l'économique Sim'4 à la 1000 Spéciale. Mais les plus sportives restent les Simca 1000 Rallye : de la 1 à la 3, elles tenteront de répondre à la 8 Gordini de Renault. Sans rencontrer le même succès, elles seront aiguillonnées par la création du Simca Racing Team, qui cherche à révéler de jeunes talents. Lorsqu'elle disparaît du catalogue, en 1978, la Simca 1000 aura été produite à plus de 1,9 millions d'exemplaires. En toute discrétion...

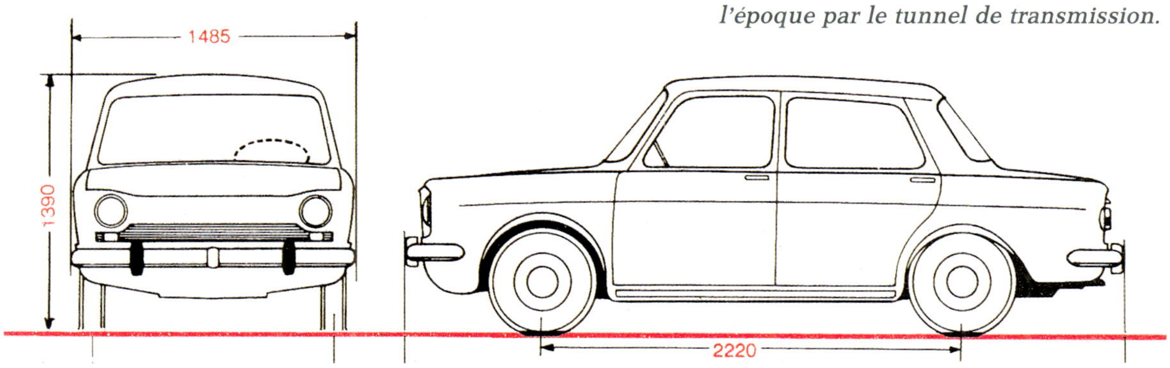

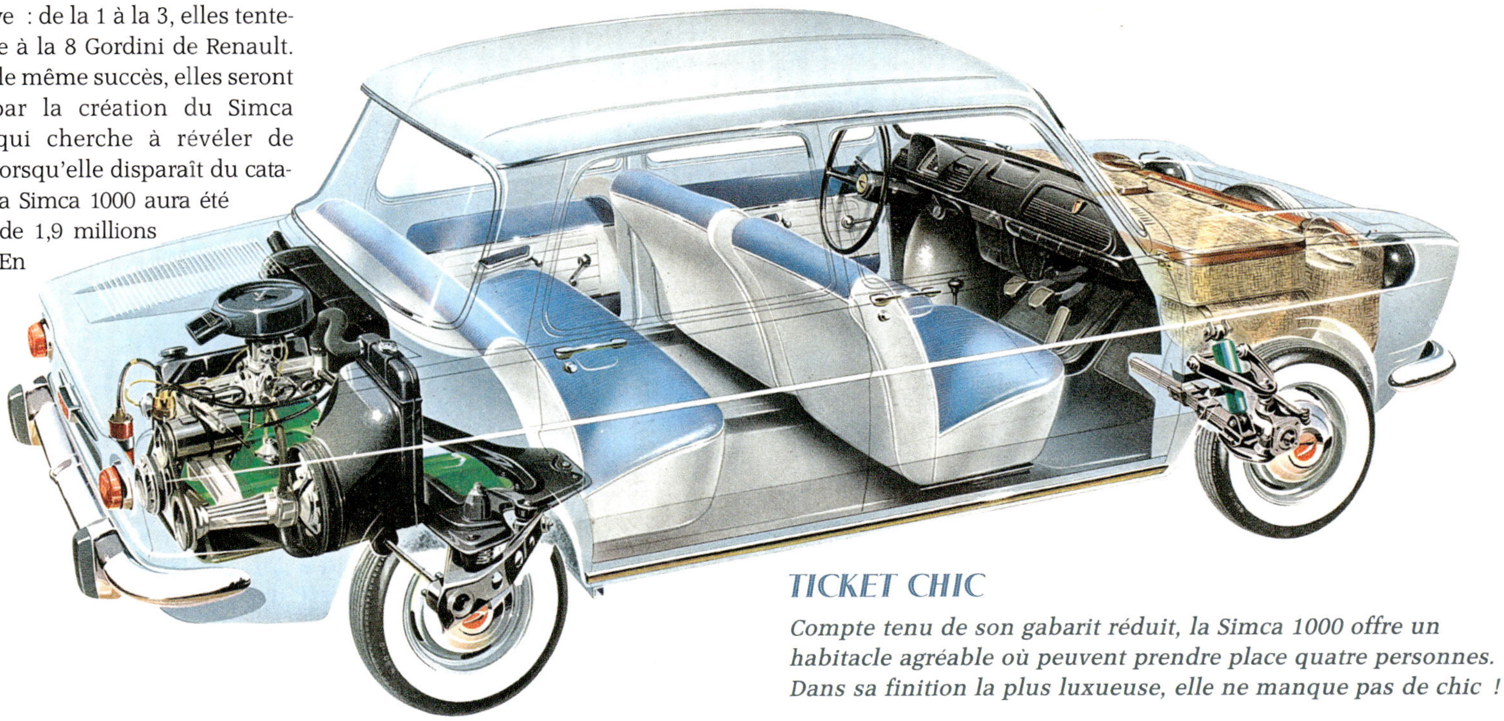

TICKET CHIC

Compte tenu de son gabarit réduit, la Simca 1000 offre un habitacle agréable où peuvent prendre place quatre personnes. Dans sa finition la plus luxueuse, elle ne manque pas de chic !

De forme originale, la Volvo P 1800, rendue célèbre par la série télévisée « Le Saint », n'était que modérément sportive. Mais elle bénéficiait d'une robustesse à toute épreuve.

VOLVO P 1800

CHIC ET SPORT

Habitacle alliant sport et confort, doté d'une belle sellerie, d'un tableau de bord complet et d'un joli volant, qui sera malheureusement remplacé plus tard par un volant dit « de sécurité », beaucoup moins séduisant.

Elle est connue comme « la voiture du Saint », depuis que Roger Moore, alias Simon Templar, l'a adoptée dans la série télévisée fameuse. Joli coup de publicité, opportunément appuyé par une autre opération : la Volvo P 1800 a été choisi comme « pace-car » aux 24 Heures de Sebring, en 1963 et 1964. Or Sebring se trouve aux Etats-Unis, principal marché visé par la belle suédoise... Présentée pour la première fois au Salon de Bruxelles 1960, elle a été voulue par Volvo à la suite de l'arrêt de fabrication du cabriolet P 1900, à carrosserie plastique et trop coûteux à produire. Pour le coupé P 1800, Volvo est revenu à une technique plus classique, la carrosserie acier étant d'ailleurs

FICHE TECHNIQUE

Moteur : avant 4 cylindres en ligne
Cylindrée : 1 780 cm^3
Puissance : 100 ch à 5 500 tr/min
Transmission : aux roues AR, boîte 4 rapports + MA, overdrive
Freins : disques à l'AV, tambours à l'AR
Poids : 1 090 kg
Vitesse maximale : 170 km/h

fabriquée en Angleterre. Cette suédoise originale doit sa forme un peu baroque au carrossier italien Frua. C'est la principale fantaisie qu'elle se permet, la sage mécanique étant quasiment identique à celle des berlines Amazon. Pas une bête de course, donc, mais une robustesse à toute épreuve : on dit que les premiers signes de faiblesse n'apparaissent qu'à partir de 300 000 km ! Pour lui donner un peu plus de punch, un nouveau moteur lui sera attribué en 1969, encore amélioré en 1970 avec une alimentation par injection. Elle prendra alors le nom de 1800 ES. Les ventes commençant à décliner, une ultime relance est tentée en dotant la P 1800 d'une carrosserie originale, façon « break de chasse », dont la fabrication a été confiée à l'italien Coggiola. Raffinée et élégante, mais chère, cette 1800 ES restera au catalogue jusqu'au mois de juin 1973, un an après l'ultime coupé.

LES CEINTURES, DÉJÀ

Volvo était déjà particulièrement attentif aux problèmes de sécurité. Avant même qu'elles ne soient obligatoires, des ceintures de sécurité équipaient ses voitures. La P 1800 ne pouvait accueillir que deux personnes.

COUPLES ÉLÉGANTS...

Sportive de ligne, la Volvo P 1800 se voulait la voiture des couples élégants qui ne trouvaient leur compte ni chez Mercedes ni chez Jaguar et ne recherchaient pas de performances hors du commun.

Brillante et originale, la berline Giulia offrait un caractère bien trempé, au son de rageuses montées en régime issues de la tradition sportive Alfa Romeo et aux couleurs de l'Italie...

ALFA ROMEO GIULIA

PRESTANCE, ÉLÉGANCE, PUISSANCE...

Élégante et sportive, la Giulia Super dispose d'une aérodynamique innovante pour l'époque, une carrosserie déformable à l'avant comme à l'arrière ainsi qu'une vaste surface vitrée.

ALFA ROMEO GIULIA

FICHE TECHNIQUE

Moteur : arrière
4 cylindres à plat
Cylindrée : 1 192 cm³
Puissance : 30 ch à 3 400 tr/min
Transmission : aux roues AR,
boîte 4 rapports + MA
Freins : tambours sur les quatre roues
Poids : 1 055 kg
Vitesse maximale : 95 km/h

LA GRANDE CLASSE

Placage en bois, cadrans ronds, volan en bakélite à trois branches et revêtement en skaï, cet innovant et chaleureux tableau de bord a décidément tout pour plaire! Des sièges avant munis d'appuis-têtes garantissent aux amoureux de la Giulia Super un confort optimal.

C'était la voiture des carabinieri et des rallyemen amateurs, qui enfilaient le week-end leur gants pour aller faire crisser les pneus sous les chronos d'un rallye local. La berline Alfa Romeo Giulia Ti avait pris la suite de la Giulietta, déjà brillante. On retrouvait sous le capot le fameux quatre-cylindres double arbre à cames en tête, né en 1954 et cette fois en version 1600. Pour la robe, le Centro Stile Alfa Romeo avait soigné l'aérodynamique, avec un dessin d'une réelle originalité et dont les quatre phares trahissaient la destination sportive. D'ailleurs, c'est sur le circuit de Monza que la Giulia Ti va se dévoiler à la presse, en juin 1962. La nouvelle Alfa Romeo accroche les 175 km/h avec facilité, le moteur étant admirablement servi par une boîte cinq vitesses, exclusivité alors réservée à des voitures de sport de haut niveau. Pour les purs et durs, Alfa Romeo met au point l'année suivante la Ti Super, allégée, plus puissante et qui va récolter un splendide palmarès en course. Mais pour le grand public, la jolie berline devient Giulia Super au Salon de Genève 1965 : ce sera la version la plus homogène, combinant un moteur brillant avec un intérieur soigné et un tableau de bord à gros cadrans ronds.

UN TEMPÉRAMENT DE FEU

Sensations garanties à bord de l'intrépide Giulia, reine des rallyes amateurs.

Parallèlement, la Giulia a gagné une version 1300, avant d' évoluer en 1974 en Nuova Super : ce lifting esthétique lui fait malheureusement perdre un peu de caractère, tout en apportant le petit souffle qui va l'amener jusqu'à fin 1977. Quinze ans de carrière et plus de 500 000 exemplaires, c'est la dernière performance de la séduisante Giulia...

Séduisant et sûr, le cabriolet MGB offrait les joies de la conduite cheveux au vent, dans un confort appréciable. Il va malheureusement subir la descente aux enfers de l'industrie automobile britannique.

MGB

CADRANS RONDS

Tableau de bord sportif, avec jolis cadrans ronds et volant à branches ajourées : on est tout de suite dans l'ambiance !

MG fait partie du patrimoine britannique au même titre que l'Union Jack ou les joyaux de la couronne. Simples, typées, légères et performantes, les petites sportives de l'entre-deux-guerres ont forgé la réputation de la marque. Les succès en course et les as de la RAF, qui en raffolaient, feront le reste. Au lendemain de la guerre, MG poursuit sur sa lancée mais la concurrence se fait rude et la TF ne suffit plus. A partir de prototypes réalisés pour les 24 Heures du Mans 1955, MG lance la MGA, séduisant roadster qui sera produit à plus de 100 000 exemplaires ! Mais la clientèle réclame plus de confort, si bien que, en 1962, la marque d'Abingdon présente la MGB. Élégante, la MGB reçoit des vitres coulissantes et un aménagement qui la rendent facile à vivre. Sans être un foudre de guerre, elle apporte le plaisir cheveux aux vent dans un agréable vrombissement et sera épaulée en 1965 par le coupé GT, de ligne agréable et doté d'un hayon arrière. Avant même qu'elle ne passe en 1969 entre les mains de British Leyland, le succès de la petite anglaise dépasse les espérances, en particulier sur le territoire américain. Si bien qu'elle va devoir se plier à l'évolution de ce marché et notamment à ses lois draconiennes sur la sécurité. Elle change donc de visage en 1974 : plus haute, plus lourde, elle est affublée d'un énorme bouclier de polyuréthane noir en guise de pare-chocs. La MGB va survivre jusqu'en 1980, s'éteignant dans les soubresauts de fin de règne de l'industrie automobile britannique...

MGB

FICHE TECHNIQUE

Moteur : avant 4 cylindres en ligne
Cylindrée : 1 798 cm^3
Puissance : 94 ch à 6 500 tr/min
Transmission : aux roues AR, boîte 4 rapports + MA et overdrive en option
Freins : disques à l'AV, tambours à l'AR
Poids : 922 kg (cabriolet) et 1 049 kg (coupé)
Vitesse maximale : 160 km/h

GLACES REMONTANTES

La MGB offrait un habitacle plus évolué que certains autres roadsters britanniques. Les portes comportaient notamment des glaces remontantes, au lieu des habituels « side-screens » à installer en vitesse en cas de pluie.

Ci-dessous, ensemble moteur-boîte très classique, avec une puissance suffisante pour se faire plaisir, sinon battre des chronos.

ROUES À RAYON

Ligne élégante et roues à rayons, la MGB ne manquait pas d'atouts. Ci-contre, le coffre est passablement encombré par la roue de secours...

Issue d'une plateforme de 4 CV Renault, la berlinette Alpine A 110 a inscrit son nom au panthéon du sport automobile. Grâce à Jean Rédélé, qui a fait naître cette fabuleuse lignée.

ALPINE RENAULT A 110

MADE IN MEXIQUE

Il n'y a pas qu'en France que l'on produit des Renault : au Mexique, la société Dina obtient la licence de fabrication des Dauphine, puis Estafette, R4 et R10, suivies en 1965 de celle des Alpine. Elles portent alors le nom de Dinalpin. D'autres pays obtiendront cette licence, comme le Brésil, l'Espagne et la Bulgarie.

Les victoires tombent, les unes après les autres : rallyes de Monte-Carlo, du Portugal, du Maroc, de l'Acropole, de San Remo, le redoutable Tour de Corse... Rien ne résiste aux Alpine, qui s'adjugent en 1973 le championnat du monde des rallyes. Légère, agile, la berlinette Alpine fait merveille sur les épreuves routières, et son palmarès long comme un solstice d'été reflète ses capacités sportives exceptionnelles. En plus de ces résultats gravés dans la légende automobile, elle plaît à tous, par sa forme basse et élancée, sans prétention. Un succès qu'elle doit peut-être aussi à son origine populaire, puisqu'elle est issue de la 4 CV Renault... C'est à Jean Rédélé que l'on doit cette belle lignée. Plus jeune concessionnaire Renault de France, installé à Dieppe en 1946, il aime le sport automobile et obtient certains succès au volant d'une 4 CV. Mais la petite Renault avoue ses limites et Jean Rédélé doit alors la faire évoluer en créant les coupés A 106, puis A 108, à partir d'un premier dessin de Michelotti. En 1960 il met au point son propre châssis-poutre autour duquel il bâtit la première berlinette Tour de France.

ALPINE RENAULT A 110

FICHE TECHNIQUE

Alpine Renault 1 600 S

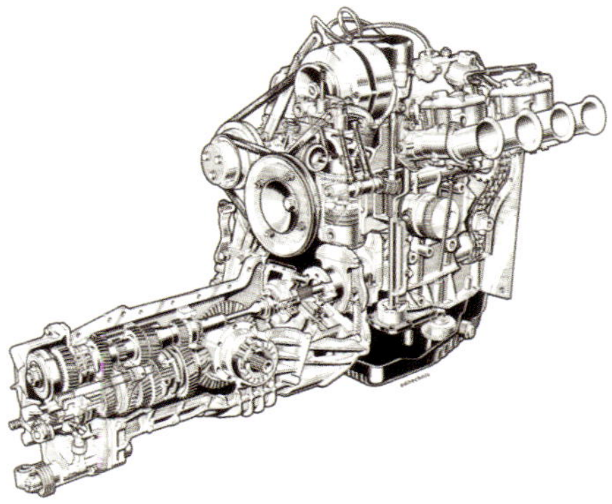

Moteur : arrière 4 cylindres en ligne
Cylindrée : 1 565 cm^3
Puissance : 138 ch à 6 000 tr/min
Transmission : aux roues AR,
boîte 5 rapports + MA
Freins : disques sur les quatre roues
Poids : 680 kg
Vitesse maximale : 205 km/h

REINE DES RALLYES

Parmi les multiples succès remportés en rallye, la Coupe des Alpes figure en bonne place avec plusieurs victoires, entre les mains de Vinatier ou Darniche.

Deux ans plus tard, Renault lance la R8 et Rédélé aménage sa voiture pour cette nouvelle mécanique : l'A 110 est née, présentée au Salon de Paris 1962... D'abord équipée d'un moteur 1 000 cm^3, elle va ensuite évoluer en 1300, 1500, 1600, 1800, passant de 55 à 175 chevaux pour les version Groupe 4. Entre les mains de Thérier, Andruet, Darniche, Ragnotti, Nicolas ou Vinatier, pour n'en citer que quelques-uns, elle va écrire certaines des plus belles pages de l'histoire des rallyes.

LÉGÈRE

Cette vue fantôme d'une Alpine 1600 S permet de visualiser la structure de la voiture, avec son châssis-poutre et son moteur en porte-à-faux arrière.
Ci-contre, la carrosserie en plastique d'une berlinette 1100, sortant de moulage. L'ensemble est d'une grande légèreté.

Ci-contre, chaîne de montage de cabriolets A 108, le modèle qui a précédé l'A 110.

Née pour remplacer les Mercedes 190 et 300 SL, la 230 SL doit son surnom de « Pagode » à la forme concave de son hard-top. Une particularité qui contribue à son élégance.

MERCEDES 230 SL

Nées presque la même année, les Mercedes 190 SL et 300 SL vont aussi disparaître presque simultanément du catalogue, en 1962 et 1963. Pour les remplacer, Mercedes choisit une voie médiane : la 230 SL est supposée remplacer les deux... Moins radicalement sportive que la 300 SL, elle reçoit une mécanique plus évoluée que celle de la 190 SL et s'éloigne de leurs lignes qui laissaient une large place aux galbes et arrondis. Profil tendu, large surface vitrée, ceinture de caisse basse, le cabriolet 230 SL présenté au Salon de Genève 1963 ne manque pas d'élégance. Et il se particularise par un détail qui va même lui donner son surnom : le hard-top qui le coiffe et le transforme en coupé est de forme légèrement concave, en « pagode »... Ce dessin de Paul Bracq ajoute à la légèreté de l'auto, qui

PAGODE

La forme incurvée, très particulière, du toit donnera à cette Mercedes sont surnom de « Pagode ».

GRAND TOURISME

Typiquement Mercedes et fidèle aux deux gros cadrans ronds déjà présents sur la 190 SL, l'habitacle mêle sobriété et agrément, dans une qualité de finition supérieure à la moyenne.

Les années "60"

MERCEDES 230 SL

FICHE TECHNIQUE

Mercedes 230 SL

Moteur : avant 6 cylindres en ligne
Cylindrée : 2 306 cm^3
Puissance : 150 ch à 5 400 tr/min
Transmission : aux roues AR,
boîte 4 rapports + MA
Freins : disques sur les quatre roues
Poids : 1 360 kg
Vitesse maximale : 200 km/h

se révèle une excellente « grand tourisme ». Son six-cylindres lui permet d'accrocher les 200 km/h, dans un confort digne de son standing. La capote irréprochable ne génère guère de bruits intempestifs et l'aménagement intérieur est celui d'une berline cossue, prévoyant jusqu'au réglage de chauffage séparé pour les deux occupants. Un large catalogue d'options permet de parfaire cet ensemble, pour répondre à une clientèle adepte de voyages longue distance plutôt que de coups de volant rageurs. L'évolution de cette automobile raffinée va se faire paisiblement, son moteur gagnant en cylindrée et en agrément : 2,5 litres puis 2,8 litres sur les 250 et 280 SL, en 1966 et 1968. En 1971, elle laisse la place à une nouvelle série SL, plus volumineuse mais aussi plus puissante.

DES SKIS SUR LE TOIT

Le hard-top de la 230 SL permettait d'éviter en hiver les inconvénients du cabriolet et ses courants d'air, et pouvait même accueillir une paire de skis !

CAPOTE OU HARD-TOP

Un rayon de soleil, et on laissait le hard-top à la maison, se contentant de la capote pour se protéger en cas de pluie.

Avec son long capot et ses moteurs puissants, la Mustang est une des rares américaines qui sera largement diffusée en Europe. Elle doit ce succès universel à la prémonition des dirigeants de Ford, au début des années soixante.

FORD MUSTANG

DE LA PLACE POUR QUATRE

La Mustang est une sportive « à l'américaine », donc plus spacieuse qu'une européenne. Elle peut accueillir confortablement quatre personnes. Malgré l'attachement des Américains pour les boîtes de vitesses automatiques, une boîte manuelle était proposée, très appréciée de la clientèle d'une telle automobile.

Elle est la voiture de Jean-Louis Trintignant dans Un homme et une femme, celle de Steve McQueen dans Bullitt, les stars l'adoptent, Johnny Hallyday en a une... Avec son long capot, son coffre court et son puissant V8, la Mustang transporte le rêve américain.

Présentée à New York en 1964, elle est le coup de génie de Lee Iacocca, alors vice-président de Ford. À la fin des années cinquante, les amateurs de sport automobile doivent se tourner vers les voitures européennes, très appréciées outre-Atlantique : Porsche 356, Triumph TR, Austin Healey et Jaguar XK affluent par bateaux entiers. La Corvette a apporté une réponse timide et la

FORD MUSTANG

FICHE TECHNIQUE

Moteur : avant 8 cylindres en V
Cylindrée : 4 736 cm^3
Puissance : 210 ch à 4 400 tr/min
Transmission : aux roues AR, boîte 4 rapports + MA (option boîte automatique 3 rapports)
Freins : tambours sur les quatre roues
Poids : 1 300 kg
Vitesse maximale : 175 km/h

Ford Thunderbird n'a pas rencontré le succès escompté. Lee Iacocca relance donc en 1961 l'idée d'une voiture sportive. Il s'appuie aussi sur l'arrivée sur le marché des enfants du baby boom, à qui il souhaite proposer une auto à la mesure de leur jeunesse et de leur pouvoir d'achat : elle devra donc être abordable.

Les différents studios de style de la maison se mettent au travail, et le projet finalement retenu comporte déjà les ingrédients esthétiques qui feront le succès de la nouvelle Ford. D'abord appelée Cougar, on lui préfère le nom de Mustang, cheval sauvage évoquant de folles chevauchées sur les vastes plaines de l'Ouest.

LES CHAÎNES TOURNENT À PLEIN

Le succès de la Mustang dépassera toutes les espérances et dès 1966 elle atteignait le million d'exemplaires, remarquable performance pour une voiture de cette catégorie.

RALLY PAC

La première version du tableau de bord de la Mustang. Le client pouvait personnaliser sa voiture grâce à de nombreuses options, comme le « Rally Pac » comportant compte-tours et montre que l'on aperçoit ici.

MUSTANG SHELBY : PUISSANTES ET EXCLUSIVES

Malgré le mépris qu'avaient généralement les Européens pour ce qui venait des États-Unis, la Mustang va se comporter plus qu'honorablement lors d'épreuves comme le rallye de Monte-Carlo ou le Tour de France Auto, remportant dans ce dernier les deux premières places de la catégorie tourisme, en 1964. Mais pour assurer à sa voiture le succès aussi dans les championnats américains, Ford se tourne vers le Texan Carroll Shelby, qui a déjà fait ses preuves en produisant les redoutables AC Cobra. Entre ses mains, la Mustang fait une cure vitaminée, en adoptant le nom de GT 350 : moteur de plus de 300 chevaux, nouvelle boîte de vitesses, suspension et freins modifiés. Elle est aussi disponible en version « racing », et sera complétée en 1967 par la GT 500, encore plus puissante.
Très exclusives et particulièrement performantes, les Mustang Shelby ne connaîtront qu'une diffusion relativement confidentielle, et s'effaceront derrière les Mach I et Boss produites par l'usine.

SANS COMPLEXE

« La Mustang est le symbole d'une ère nouvelle » fait partie des multiples slogans qui accompagnèrent la Mustang lors de son lancement.
Effectivement, elle rompait avec les valeurs automobiles traditionnelles et affichait sans complexe son interminable capot.

PEACE AND FORD

Fin des années soixante, la Ford Mustang participe elle aussi à la vague hippie : on la customise au goût du jour.

SUR LA VAGUE DE LA CROISSANCE

La Mustang arrivait à point nommé pour répondre aux souhaits d'une clientèle jeune, portée par la vague de croissance des années soixante.

Dès sa présentation, la Mustang déchaîne les passions et les carnets de commande explosent ! Outre sa présentation flatteuse, elle représente une véritable gamme à elle toute seule. Ainsi sont disponibles plusieurs carrosseries coupé ou cabriolet, trois moteurs, d'un modeste six-cylindres à un V8 de 210 chevaux, plusieurs boîte de vitesses mécaniques ou automatiques, ainsi qu'une pléthore d'options permettant de personnaliser sa voiture : air conditionné, assistances de direction et de freinage, enjoliveurs divers, console sport, « rally-pack » comportant compte-tours et montre, suspension sport... Cette diversité permet une adaptation aux budgets les plus divers et participera largement au succès de la Mustang, qui passe le million d'exemplaires en 1966 et connaît une diffusion dépassant largement les frontières des États-Unis. Elle va ensuite évoluer en suivant la mode des

POUR TOUS LES GOÛTS

Dès son lancement, la nouvelle Ford sera disponible en plusieurs versions : coupé normal ou « fastback » profilé, séduisant cabriolet. Combinées avec les différentes motorisation offertes, elles constituaient à elles seules une véritable gamme, encore enrichie par les multiples options.

Outre sa ligne séduisante, la Mustang offrait un excellent rapport qualité/prix qui contribuera beaucoup à son succès.

« muscle cars » et la course à la puissance que vont connaître les américaines sportives, en parallèle à la vogue des épreuves Trans Am.
Pour accueillir des moteurs toujours plus gros et plus puissants, la Mustang s'allonge et s'élargit, jusqu'à l'ultime version de 1972, qui a beaucoup perdu de la race de la première. Les plus bestiales seront les Mach I et surtout Boss, 302 et 429 qui atteint 375 chevaux...
Mais cette course à la puissance ne permet pas de rattraper la baisse des ventes, significative depuis 1967. D'autant qu'à partir de 1972, Ford doit faire face aux nouveaux décrets anti pollution, qui vont considérablement modifier et assagir le paysage automobile américain. Une page se tourne, dans laquelle la Mustang II va essayer de trouver sa place...

Elle doit sa configuration à l'esprit fertile de Ferdinand Porsche et ses performances à celui de son fils Ferry. Forte d'une carrière exceptionnelle, la Porsche 911 est entrée dans le club fermé des voitures immortelles...

PORSCHE 911

GROS COMPTE-TOURS

L'habitacle des premières versions. Pour bien marquer la vocation sportive de la nouvelle Porsche, le compteur le plus gros était le compte-tours, bien évidence au centre du tableau de bord.

Six cylindres rageurs au bruit de fauve, silhouette indémodable, performances brillantes, agilité proverbiale...

Certaines voitures ont largement dépassé le statut de simple automobile, pour devenir des icônes à jamais inscrites dans la mémoire collective. La Porsche 911 en fait partie, par la fascination qu'elle exerce sur ceux qui l'ont utilisée et par un passé en compétition hors du commun : que ce soit en rallye, rallye-raid ou sur circuit, la 911 et ses dérivés ont récolté une moisson inégalée de victoires.

Cette auto fabuleuse plonge ses racines dans la VW Coccinelle, créée par Ferdinand Porsche, puis dans la Porsche 356 développée par son fils Ferry. Une affaire de famille qui va se poursuivre avec « Butzi », fils de Ferry, et Ferdinand Piëch, son neveu.

Née "901" au salon de Francfort 1963 pour épauler la 356, la nouvelle Porsche va vite devenir 911 sous la pression de Peugeot qui a déposé les appellations à trois chiffres avec « 0 » central. Elle reprend la configuration de ses ascendantes : moteur arrière, cylindres à plat opposés (mais six au lieu de quatre), refroidissement par air, sous une carrosserie modernisée sans trahir l'air de famille.

De là, la 911 va faire l'objet de modifications incessantes, dans la recherche permanente de l'amélioration : version Targa en 1965, 911 S en 1966, Carrera RS 2,7 litres en 1973, 930 Turbo en 1975, cabriolet en 1982... On a cru la 911 menacée lors du lancement des

PORSCHE 911

FICHE TECHNIQUE

Moteur : arrière 6 cylindres à plat opposés
Cylindrée : 2 341 cm^3
Puissance : 190 ch à 6 500 tr/min
Transmission : aux roues AR, boîte 4 rapports + MA (5 rapports en option)
Freins : disques ventilés sur les quatre roues
Poids : 1 075 kg
Vitesse maximale : 230 km/h

901 AU LIEU DE 911

La Porsche 911 devait s'appeler 901, mais Peugeot demandera le changement. Les premiers modèles comportaient des petits phares anti brouillard.

924 et 928 à moteur avant, dans les années soixante-dix, mais un mythe ne meurt pas et la 911 repartira de plus belle. En 1989, les 964 Carrera 4 puis Carrera 2 marquent une rupture importante, mais seront rapidement rebaptisées 911 : on vous l'a dit, elle est immortelle.

L'HÉRITIÈRE

La Porsche 911 héritait sa conception et son moteur arrière de la Volkswagen Coccinelle, conçue par Ferdinand Porsche dans les années trente. Une formule gagnante !

Attention, légende ! Offrant 170 km/h pour un prix défiant toute concurrence, la R8 Gordini s'est taillée une place particulière parmi les sportives populaires, portée par une génération d'amateurs qui a découvert avec elle les joies du pilotage.

RENAULT 8 GORDINI

BANDES BLANCHES
Ses deux bandes blanches et ses projecteurs additionnels au milieu de la calandre contribueront à la renommée de la Renault 8 Gordini, la distinguant nettement de la berline de base.

Son bleu de France, ses bandes blanches, ses quatre phares et son bruit rageur ont forgé le mythe de la Renault 8. Des qualités associées à un brillant palmarès, et des utilisateurs unis par un état d'esprit fait de solidarité et de camaraderie : acheter une R8 « Gorde » n'était pas un acte neutre, on entrait dans la « famille »...

Dès la présentation de la Renault 8, en 1962, l'idée d'une version sportive est dans l'air. En effet, la voiture montre un potentiel intéressant avec son nouveau moteur « Sierra », robuste et nerveux. Déjà, pour la Dauphine, Renault a fait appel à Amédée Gordini pour une version sportive, mais cette fois il est question de dépasser largement les performances de la berline normale. Renault tient néanmoins à maintenir un prix accessible et donc à limiter le nombre de pièces spécifiques : bloc et culasse devront venir de la série. Pour se donner toutes les chances de réussir, la Régie met en concurrence le service course interne et Amédée Gordini.

Chez Renault, François Landon et Henri Frétet mettent au point une berline surbaissée, alors qu'Amédée Gordini déroge à la règle en modifiant considérablement la culasse, qu'il dote d'une chambre de combustion hémisphérique. Avec une particularité : pour placer deux grosses soupapes, la bougie est décalée vers le haut, reliée à la chambre par deux conduits qui équivalent presque à un double allumage... Monté sur le nouveau moteur 1100 de la R8 major, ce dispositif donne grande satisfaction, • • •

FICHE TECHNIQUE

RENAULT 8 GORDINI 1300

Moteur : arrière 4 cylindres en ligne
Cylindrée : 1 255 cm^3
Puissance : 110 ch à 6 750 tr/min
Transmission : aux roues AR, boîte 5 rapports + MA
Freins : disques sur les quatre roues
Poids : 855 kg
Vitesse maximale : 175 km/h

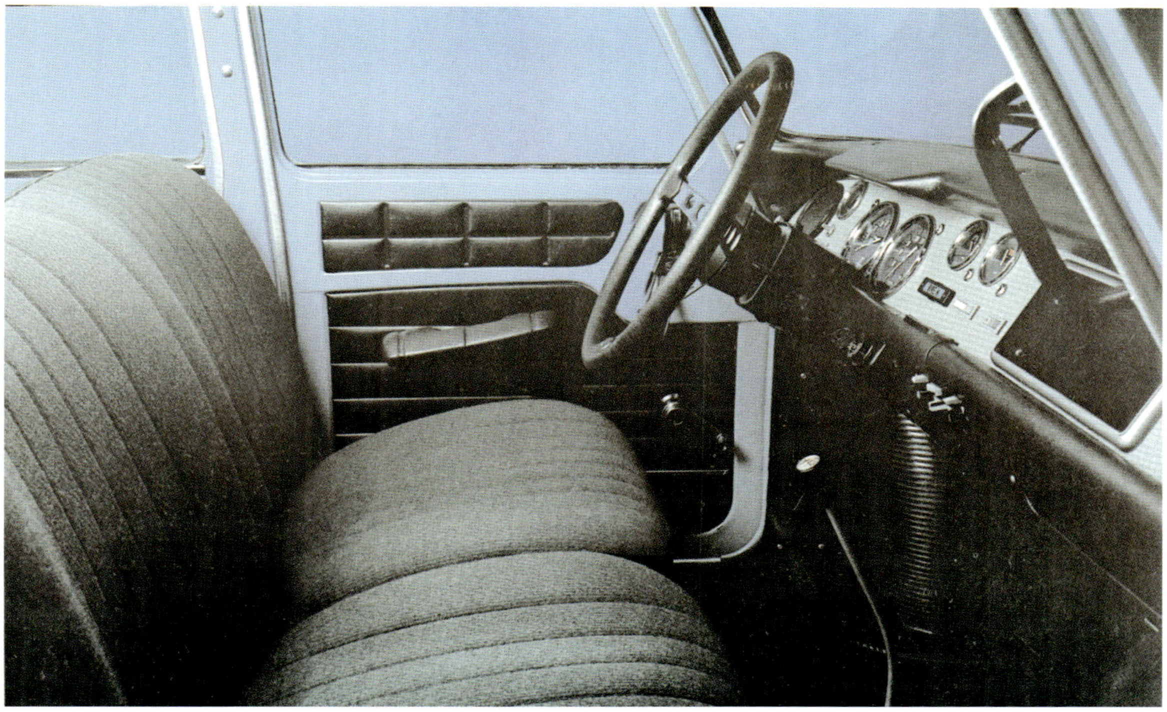

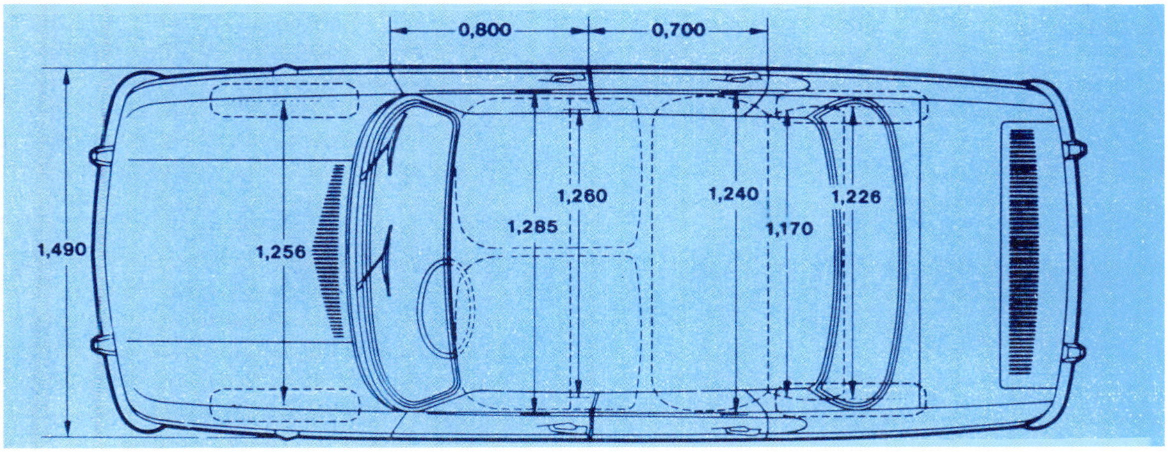

AMBIANCE SPORT

Le tableau de bord de la « Gorde » s'écartait résolument de celui de la R8 normale, avec ses cadrans ronds et son gros voyant d'alerte « frein » en plein centre. Le passager avait droit à une poignée de maintien et les sièges restaient confortables.

MOTEUR EXCEPTIONNEL

La pièce maîtresse de la R8 Gordini était son moteur, amélioré avec talent par le « sorcier » Amédée Gordini. Pour en maîtriser la puissance, d'autres modifications intervenaient au niveau des suspensions, des freins, de la carrosserie...

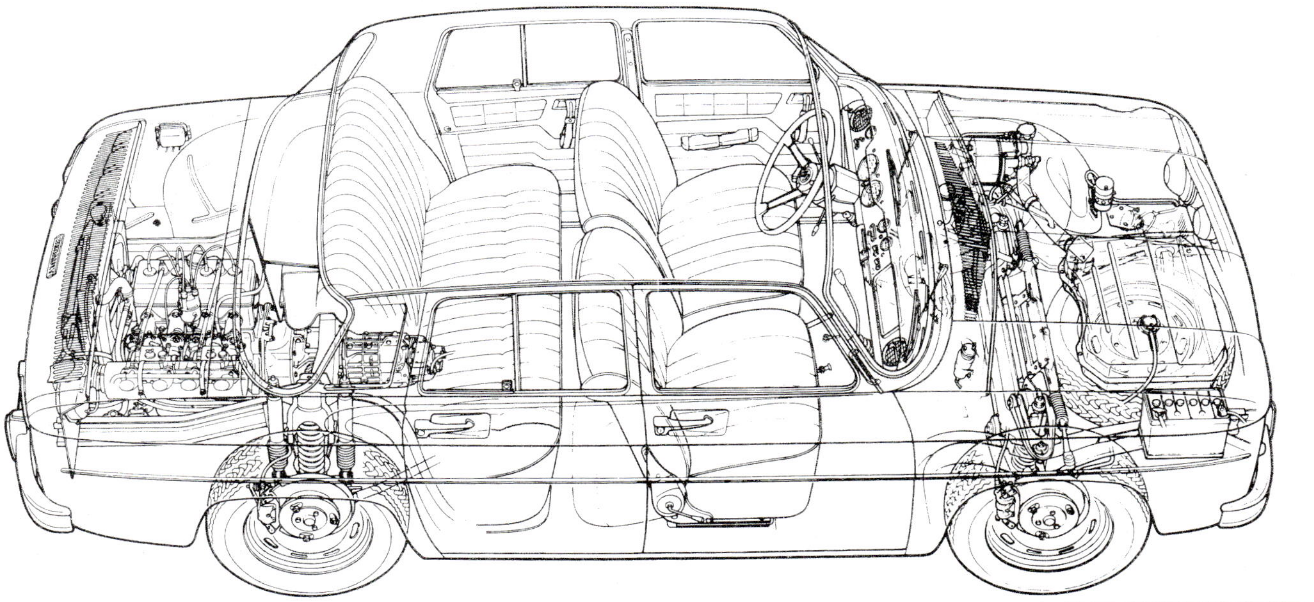

PERSONNALISATION

On pouvait évidemment personnaliser sa voiture avec de multiples accessoires : volant à branches ajourées, jantes spéciales, siège baquet, pot d'échappement double sortie... De quoi épater les copains !

LA COUPE GORDINI

Impossible de parler de la R8 Gordini sans évoquer la Coupe du même nom. Les qualités sportives de la petite Renault, alliées à son prix abordable, n'ont à l'époque pas laissé indifférents les amateurs de sport automobile. À commencer par ceux s'occupant de la revue Moteurs, Georges Fraichard et Alain Bertaut. Ils ont l'idée d'une formule monotype autour de la R8 Gordini. Responsable des relations extérieures de la Régie, Robert Sicot n'y est pas opposé, si bien qu'un règlement est mis au point par Alain Bertaut. Draconien, il limite strictement les modifications autorisées, de façon à empêcher la « course aux armements » et à donner à chacun sa chance. La Coupe Gordini est ainsi lancée en 1966 avec le soutien de la Fédération française du sport automobile et va connaître cinq ans d'enthousiasme et de passion. Elle sera un formidable révélateur de talents dont certains vont évoluer vers des championnats plus prestigieux, en rallyes ou circuit, pour certains jusqu'à la Formule 1 : Dayan, Lagier, Mieusset, Thérier, Jabouille, Leclerc, Cudini, Darniche, autant de noms qui ont laissé leur empreinte dans ce championnat qui ne connaîtra pas d'équivalent et s'éteindra en même temps que l'auto qui l'avait fait naître.

RADICALE

Sur la Renault 8, les sept lettres magiques traduisaient une voiture radicalement sportive, beaucoup plus que la Dauphine portant le même nom.

JEUNES TALENTS

Le prix relativement modéré de la R8 Gordini en a fait un moyen exceptionnel de révéler de jeunes talents qui, sans cela, seraient probablement restés dans l'ombre. Certains pilotes sont même allés jusqu'en Formule 1 !

• • • avec une puissance qui frôle les 100 chevaux et une vitesse de pointe de 170 km/h. C'est ce moteur qui va être choisi et monté sur une caisse modifiée, en gardant toujours à l'esprit la volonté d'économie. Au Salon de l'Auto 1964, la R8 Gordini dévoile ses secrets ... et le succès est immédiat. La presse loue les qualités de la nouvelle Renault et souligne son excellent rapport qualité/prix : elle coûte bien moins cher qu'une Matra Djet de performances comparables. Pour trouver une concurrente à sa taille, il faut se tourner vers les Alfa Giulia 1600 ou BMW 1600 Ti, plus onéreuses.

Pour exploiter au maximum les possibilités de la catégorie « tourisme moins de 1300 », les sportifs amateurs vont réclamer une version 1300... qui va arriver en 1966, forte de 110 chevaux et d'une boîte cinq vitesses : homogène, efficace, elle trouve là sa maturité tout en adoptant les projecteurs additionnels qui lui donnent tant d'allure. Elle sera alors en rallye une concurrente redoutable et inscrira son nom sur les plus belles pages des épreuves sur routes, parallèlement aux succès de la Coupe Gordini.

Forte de 12 000 exemplaires, La R8 Gordini s'effacera en 1970 derrière la R12 qui porte le même nom qu'elle... mais sans pour autant déclencher les mêmes passions ni égaler ses résultats.

Première traction avant produite par Peugeot, la 204 va marquer l'entrée dans l'ère moderne pour la marque de Sochaux.

PEUGEOT 204

Avec la 204, Peugeot rompt de façon magistrale avec ses techniques traditionnelles : traction avant, moteur en alliage léger placé transversalement et faisant corps avec la transmission, c'est une petite révolution par rapport à l'essieu arrière rigide et propulseur des 403 et 404. Au début des années soixante, ces deux modèles constituent l'intégralité de la gamme Peugeot. La 203 a disparu en 1960 et, si la marque sochalienne veux tenir son rang, elle doit impérativement s'introduire dans la catégorie des voitures moyennes, bien occupée par Renault et Simca. Les ingénieurs font table rase de leurs habitudes et donnent naissance à la 204, voiture intelligente et moderne. Le centre de style maison se charge de sa robe, sous l'autorité de Paul Bouvot, et la nouvelle Peugeot est présentée au public en avril 1965. Ses qualites de

PEUGEOT ÉTEND SA GAMME

Avec la 204, Peugeot pénétrait la catégorie des berlines moyennes, venant ainsi appuyer sa 404 qui s'adressait à une clientèle plus établie et traditionnelle.

PEUGEOT 204

FICHE TECHNIQUE

Moteur : avant 4 cylindres en ligne
Cylindrée : 1 130 cm³
Puissance : 55 ch à 5 750 tr/min
Transmission : aux roues AV, boîte 4 rapports + MA
Freins : disques à l’AV, tambours à l’AR
Poids : 880 kg
Vitesse maximale : 140 km/h

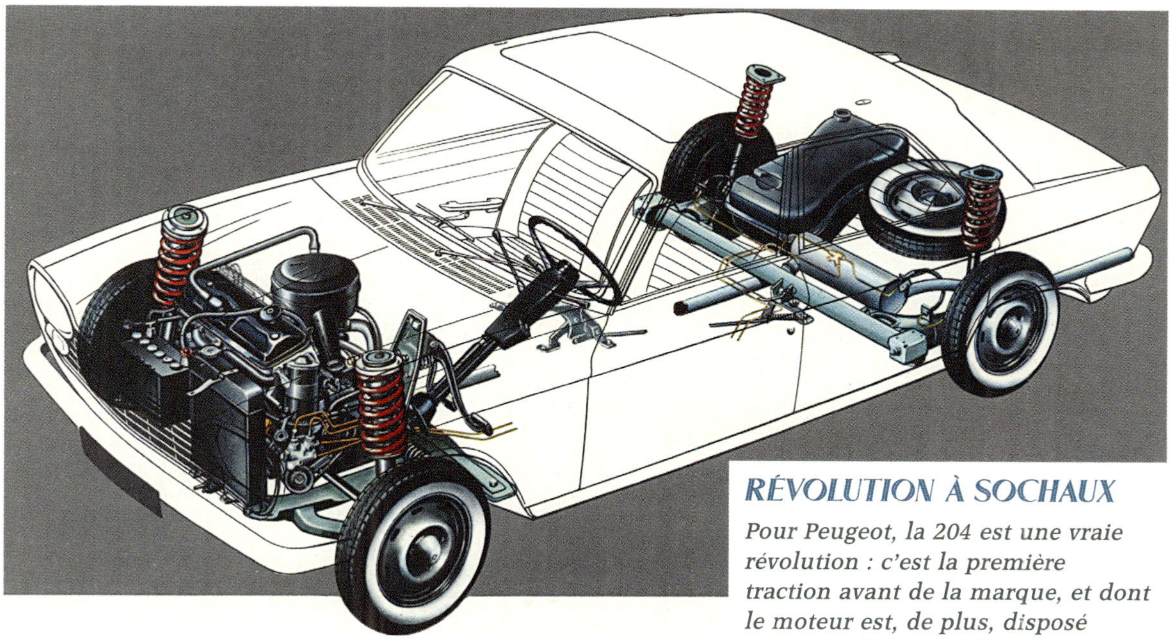

RÉVOLUTION À SOCHAUX

Pour Peugeot, la 204 est une vraie révolution : c’est la première traction avant de la marque, et dont le moteur est, de plus, disposé transversalement, solution rare à l’époque.

confort et de tenue de route sont unanimement reconnues, ce qui permet un démarrage rapide des commandes. Comme souvent chez Peugeot, la carrosserie berline de base est sans tarder complétée d’un break, puis des coupés et cabriolets qui correspondent aux goûts d’une clientèle jeune. Et surtout, 1967 voit l’avènement du premier diesel français de petite cylindrée, d’abord proposé sur le seul break. Une nouveauté significative, bien que l’expansion en reste encore timide avec 10% des ventes totales. En 1971 la 204 passe le million d’unités, dont presque la moitié de breaks : avant les monospaces, ce type de carrosserie était beaucoup apprécié. L’arrivée de la 304 en 1970 ne va guère affecter la 204, qui restera au catalogue jusqu’en 1976.

HOMOGÈNE ET SÛRE

À ses qualités routières de tenue de route et de confort, la 204 ajoutait un habitacle relativement spacieux, comportant de larges surfaces vitrées. En plus, elle consommait avec modération...

Première berline moyenne à offrir un hayon arrière, la Renault 16 répond alors aux nouveaux besoins de fonctionnalité. Sa conception va largement faire école.

RENAULT 16

HAYON ARRIÈRE

Avec la R16, Renault faisait une fois de plus preuve d'imagination en la dotant d'un hayon arrière. La Renault 4 avait ouvert la voie, mais pour la première fois une berline de cette catégorie adoptait cette configuration.

Depuis la disparition de la Frégate, en 1960, l'absence d'une berline moyenne se fait sentir chez Renault. Un projet est à l'étude, concernant une 2,2 litres de conception classique, mais dont le prix de revient va se révéler trop élevé.

Le PDG Pierre Dreyfus demande une voiture plus abordable. Or la société des années soixante est en pleine mutation. Les habitudes de la classe moyenne évoluent, les résidences secondaires se développent et avec elles les besoins de transporter famille, équipements et objets en tous genres. Il faut de la fonctionnalité.

C'est cette analyse que font Claude Prost-Darne et Gaston Juchet, sous l'autorité d'Yves Georges. Ils vont se lancer dans un projet tout à fait original qui va déboucher sur la Renault 16 : traction avant et surtout hayon arrière, pour la première fois sur une auto de cette catégorie. Sur les petites voitures, la brèche avait été ouverte par la Renault 4…

Présentée à la presse en janvier 1965 et au public au Salon de Genève, la R16 est élue l'année suivante « voiture de l'année ». Son succès est européen, puisqu'en 1970 plus de la moitié de la production est exportée. Et la gamme s'étoffe : la R16 TS répond en 1968 à une clientèle souhaitant plus de brio, tout en bénéficiant d'aménagements particulièrement soignés, dont les vitres électriques. La 16 TX ira plus loin encore, en 1974 : elle atteint les 170 km/h, derrière quatre puissants projecteurs à iode. Six ans plus tard, la production cesse, mais la R16

RENAULT 16

FICHE TECHNIQUE

RENAULT 16 TL

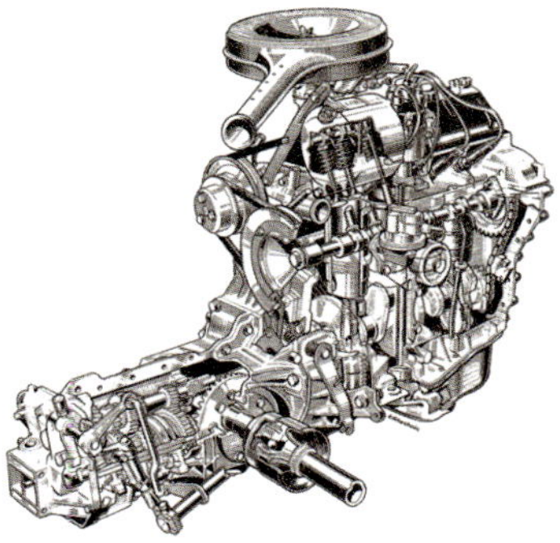

Moteur : avant 4 cylindres en ligne
Cylindrée : 1 565 cm^3
Puissance : 67 ch à 5 200 tr/min
Transmission : aux roues AV, boîte 4 rapports + MA
Freins : disques à l'AV, tambours à l'AR
Poids : 980 kg
Vitesse maximale : 150 km/h

a ouvert la voie : les R 20 et 30, qui lui succèdent, reprennent l'idée du hayon arrière. Elles ne sont pas les seules...

VOITURE À VIVRE

L'habitacle était assez largement modulable, avec sièges inclinables ou repliables pour dégager le coffre. Une nouveauté en 1965.

FAUX BOIS

Le faux bois du tableau de bord se voulait cossu, mais l'ensemble ne respirait pas la gaieté...

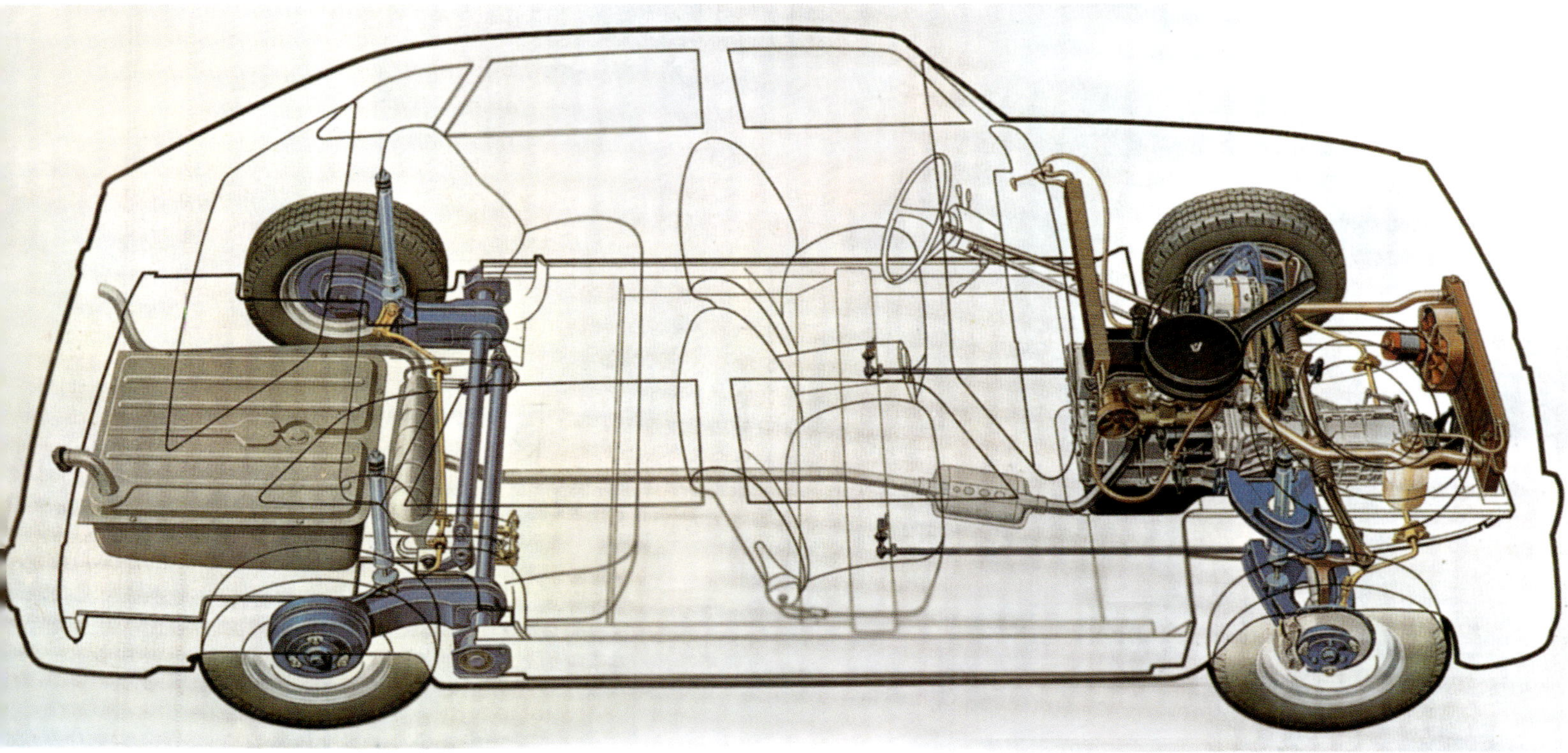

L'ÈRE MODERNE

Certaines idées inaugurées sur la Renault 4 ont été développées ici : traction avant, suspensions à grand débattement par barres de torsion... Renault est entré dans l'ère moderne !

Dotées d'une transmission totalement automatique faisant appel à un système original, les petites Daf hollandaises vont se tailler une place honorable dans le paysage automobile européen.

DAF 33

SANS PRÉTENTION

Petites voitures sans grande prétention, les Daf des frères Van Doorne seraient passées beaucoup plus inaperçues sans leur système de transmission tout à fait original et adopté par elles seules.

« La plus parisienne des étrangères », vantait la publicité Daf. Affirmation justifiée par une particularité de ces petites hollandaises : la transmission entièrement automatique qui, associée à un gabarit modeste, faisait merveille dans les encombrements des grandes villes. À l'origine de cette marque basée à Eindhoven, on trouve les frères Hub et Wim Van Doorne dont l'entreprise est spécialisée dans la fabrication de remorques, engins militaires et camions. Lorsque, dans les années cinquante, ils se mettent en tête de réaliser une voiture de tourisme, ils réfléchissent à un système de transmission qui éviterait les complications d'une boîte de vitesse traditionnelle. Et mettent au point le « Variomatic » : composé, par roue arrière, d'un jeu de deux poulies reliées par une courroie, le système fait varier la largeur des gorges de chaque poulie pour changer la démultiplication.

L'écartement des gorges est commandé par le régime moteur et la position de l'accélérateur. Ainsi équipée, la première Daf, présentée au Salon d'Amsterdam 1958, reçoit d'abord un petit bicylindre 600 cm^3, remplacé par un 750 en 1962, alors qu'est présentée une version plus luxueuse baptisée « Daffodil » (« jonquille », en anglais).

Le petit coach 4 places se vend bien et évolue tranquillement. Il devient 33 en 1967, année d'apparition des Daf 44 qui précèdent les 55 à moteur Renault.

FICHE TECHNIQUE

DAF 33

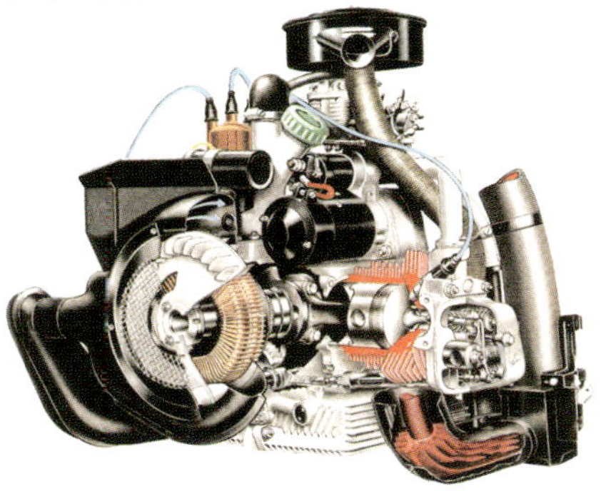

Moteur : avant 2 cylindres à plat
Cylindrée : 746 cm^3
Puissance : 32 ch à 4 500 tr/min
Transmission : aux roues AR, transmission automatique par Variomatic
Freins : tambours sur les quatre roues
Poids : 660 kg
Vitesse maximale : 112 km/h

Fortes de certains succès en compétition, sur des épreuves comme le Marathon de la route, ces Daf auront une place à part dans le paysage automobile, jusqu'à leur prise de contrôle par Volvo, achevée en 1976.

INGÉNIEUX INVERSEUR

L'habitacle de la Daf se caractérise par l'absence de pédale d'embrayage et de levier de vitesses traditionnel, remplacé par un simple inverseur marche avant – marche arrière.

VARIOMATIC

L' « âme » de la Daf 33 : sa transmission par Variomatic, composé de quatre poulies reliées par deux courroies. La largeur des gorges de poulie peut changer, modifiant la démultiplication de transmission, un peu comme on le fait avec les dérailleurs d'une bicyclette.

Dans la foulée de ses bolides des 24 Heures du Mans, Matra s'est lancé dans la production de petites voitures de sport. La 530 a inauguré une lignée de conception originale.

MATRA 530

En 1967, le nom de Matra est déjà connu du grand public. Voilà deux ans en effet qu'est née Matra Sport, la branche automobile de cette entreprise de fabrication de missiles. Ses voitures de course commencent à se distinguer sur les circuits, entre les mains de jeunes espoirs comme Jean-Pierre Beltoise. Au Salon de Genève 1967, la marque présente la première voiture de sport entièrement de son cru : la 530. Ses lignes évoquent le prototype M 620 des 24 Heures du Mans et ses phares escamotables lui apportent une allure originale. Sa conception l'est tout autant : carrosserie en plastique sur une structure en acier, toit escamotable dans le coffre et surtout moteur en position centrale-arrière, configuration plutôt rare sur une voiture de cette catégorie, mais garantissant une tenue de

MOTEUR CENTRAL

La Matra 530 présentait plusieurs caractéristiques originales, comme une carrosserie plastique et surtout un moteur en position centrale-arrière, disposition jusque là réservée aux voitures de course ou de sport de haut niveau.

MATRA 530

FICHE TECHNIQUE

MATRA 530

Moteur : central arrière, 4 cylindres en V Ford
Cylindrée : 1 699 cm^3
Puissance : 85 ch à 4 800 tr/min
Transmission : aux roues AR, boîte 4 rapports + MA
Freins : disques sur les quatre roues
Poids : 1 055 kg
Vitesse maximale : 170 km/h

route hors-pair. Cependant, pour pouvoir conserver deux petites places d'appoint, l'espace réservé à la mécanique est très mesuré et Philippe Guédon, responsable du projet, s'est tourné vers le V4 Ford des Taunus. Certes compact, il n'offre qu'une puissance modeste, ce qui empêche la 530 de briller par des performances dignes de sa catégorie.
C'est sans doute ce qui a freiné sa carrière commerciale. Elle connaîtra tout de même une évolution, gagnant 5 chevaux en 1969, devenant LX en 1970 et se complétant l'année suivante de la version SX, qui reçoit quatre gros projecteurs encadrant la calandre. En 1973, la 530 s'efface pour laisser place à la Bagheera, qui creuse le sillon de l'originalité : en plus du moteur central, elle adopte trois places de front...

TOIT ESCAMOTABLE

Une des originalités de la Matra 530 était son toit escamotable dans le coffre, ce qui permettait de rouler les cheveux dans le vent tout en évitant la fragilité d'une simple capote.

MOTEUR TROP MODESTE

La Matra 530 aurait mérité un moteur plus puissant, comme on pouvait l'attendre au vu de ses qualités routières et de son allure originale, avec ses phares escamotables.

Dernière Ferrari à moteur avant des années soixante-dix et quatre-vingt, la Daytona dégage l'allure bestiale correspondant à l'énorme puissance de son 12-cylindres. Mais elle sait se laisser domestiquer, pour un plaisir de conduite absolu.

FERRARI 365 GTB4 DAYTONA

Ferrari est réputé produire les voitures de tourisme les plus rapides du monde. Alors quand Ferruccio Lamborghini vient en 1966 chatouiller Enzo Ferrari avec sa P400 Miura, la réponse ne se fait guère attendre : pour remplacer l'élégante 275 GTB4, la firme au cheval cabré présente au Salon de Paris 1968 sa berlinette 365 GTB4. Elle va sans tarder être baptisée « Daytona », en hommage à la victoire écrasante de trois prototypes 330 P4 aux 24 Heures de Daytona 1967. Plus agressive, plus puissante, plus rapide, cette splendide automobile dessinée chez Pininfarina et construite dans les ateliers de Scaglietti reçoit selon la tradition un 12-cylindres en V, doté de quatre arbres à cames en tête.

Dans un bruit où la rage le dispute à l'harmonie, ses 352 chevaux propulsent la bête à 280 km/h, univers où la concurrence se fait rare... La boîte de vitesses accolée au pont permet une bonne répartition des charges, ce qui confère à l'auto d'excellentes qualités routières. Elle va les exploiter en compétition, surtout à partir de son homologation en Groupe 4 (GT Spéciales) en 1972, et décrochera de beaux résultats dont une première place au Tour de France Auto 1972 entre les mains de l'équipage Andruet-Biche. La Daytona va peu évoluer, hormis les phares escamotables remplaçant en 1970 le carénage de Perspex, illégal aux États-Unis. Le lancement en 1973 de la Berlinetta Boxer à moteur central signe l'abandon par Ferrari des berlinettes à moteur avant. Mais leur charme était tel qu'ils y reviendront vingt-cinq ans plus tard, avec la 550 Maranello...

PUISSANCE PURE

Cette « gueule » agressive épouse parfaitement la personnalité virile de ce splendide animal, dont il fallait savoir dompter la puissance.

FERRARI 365 GTB4 DAYTONA

FICHE TECHNIQUE

FERRARI 365 GTB4 DAYTONA

Moteur : avant 12 cylindres en V
Cylindrée : 4 390 cm³
Puissance : 352 ch à 7 500 tr/min
Transmission : aux roues AR, boîte 5 rapports + MA
Freins : disques ventilés sur les quatre roues
Poids : 1 500 kg
Vitesse maximale : 280 km/h

MOTEUR AVANT

Dernière Ferrari de cette époque à moteur avant, la Daytona était une des voitures les plus rapides du marché, à côté des Lamborghini et des Aston Martin...

BAQUETS

La Daytona offrait un gabarit relativement imposant, ce qui permettait un habitacle spacieux. Sièges baquets et tableau de bord complet annonçaient la personnalité de la voiture.

ESCAMOTABLES

Les quatre phares escamotables remplaçaient la première disposition sous plexi, inadaptée à la réglementation américaine.

Jean-Paul Belmondo et Anna Karina dans une une scène de Pierrot le fou.
Chacun à bord de sa voiture, Ferdinand et Marianne filent vers le sud... ils s'aiment, ils sont heureux, ils sont libres.

MICMAC

Index

A

Alpine Renault

Aston Martin DB4

Austin Mini

B

BMW Isetta

Cadillac Eldorado 1959

C

Citroën 2 CV

Citroën Ami 6

Citroën DS

D

Daf 33

Delahaye

E

Facel-Véga HK 500

F

Ferrari 365 GTB4 Daytona

Fiat 500

Ford Mustang

G

H

I

Jaguar type E

J

Jeep Willys

K

L

Matra 530

M

Mercedes 230 SL « Pagode »

MGB

N

Peugeot 403

P

Peugeot 404

Porsche 911

R

Renault 4 CV

Renault Floride

Renault 4L

S

Simca 1000

Triumph TR3

T

V

Volkswagen « Coccinelle »

W

Volvo P1800

Crédits photographiques

La photo de couverture de Jean-Pierre Foucault : SIPA/TF1/Chevalin
Corbis : pages 5 (hd), 8, 9h, 14, 18 bd, 15, 27 h, 28, 29 bd 33 h, 52, 53, 56, 91 102, 105, 114 b, 127 b, 133 hd, 134 mg et md, 152-153.
Rue des archives : 17 bd, 18 bg, 54, 55 hd, 103 bd, 106.
Tous les autres documents appartiennent aux archives Renault, Peugeot, Fiat et Citroën.

Nous remercions Mr Claude Bollore, collectionneur, pour nous avoir fourni des documents.
Nous remercions également la *Librairie et Documentation Auto Moto Avion Train* (33, rue de Constantinople, 75008 Paris).

Cet ouvrage a été réalisé par Copyright

Rédacteurs : Serge Cordey et Jean-Louis Basset

Recherches iconographiques : Magalie Porlier

Conception graphique : Gwénaël Le Cossec

Mise en page : Andréa Lenaour et Blandine Serret

Réalisation photogravure : LC gravure, Philippe Lesprit et Peggy Huynh-Quan-Suu

Coordination éditoriale : Olivia Le Gourrierec assistée de Loïc Besnard

Achevé d'imprimer en France par Qualibris (JL)

ISBN : 978-2-7499-0687-4

Dépôt légal : octobre 2007

LAF : 994